U0064753

太極拳透視

眾妙之門・上卷

1

陳傳龍

著

十四本太極拳筆記，跨越近一甲子之心得功法，
至今逾九十高齡仍辛勤內煉不倦！

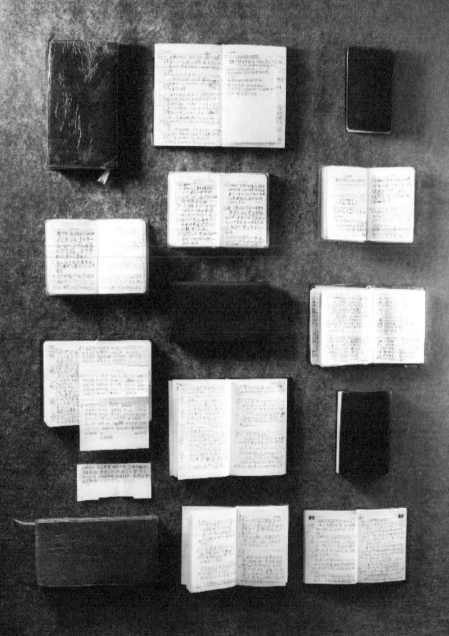

| 筆。記太極 |

流金歲月

一字一句 絲纏延綿

細琢精雕

還原為 對太極拳 最

廣闊 安靜 深高的領悟 與

敬意

| 目　錄 |

太極拳透視
太極拳本貌

陳傳龍 ————————————————————————

字逸雲，江蘇海門人，1948年於上海高中畢業後，渡海臺灣就讀大學，經由公家考試，由政府分發就業。當時因身體羸弱，拜仙宗崑崙派　劉公培中為師，修習道功暨太極拳術，並於論經歌解深研太極拳理法。

現已年逾九旬有七，生活動作仍有如年輕人一般，證驗了太極拳不但是拳術，亦是養生之功。

作者序

　　自古以來，我國拳術有外家與內家的區別與不同，太極拳的自古為人難知難明，主要原因在於難明外家拳與內家拳的差異與不同。太極拳是內家拳，由於在一般的觀念裡，對於拳術都只知外家拳，對內家拳完全不知，都以外家拳的觀念思考太極拳，以外家拳的觀念學習太極拳，迷失於歧途，以致百思難明，久學難成，自古即是如此，所以拳論云：「差之毫釐，謬以千里，學者不可不詳辨焉」，即是指此而言，是要成功的學習太極拳，首先要確立的一個學習的方向與前題。

　　太極拳與外家拳是完全不同的，不但不同，在本質與本性上更是完全相反與對立的。外家拳求用力，愈剛猛愈好，求外在肢體動能，而學過太極拳者都知道，太極拳不可用力，要求鬆柔，是求內在運作之功，這是二者間最基本的區別。由是可知，外家拳是使用有形的肢體，是有形的肢體面的拳術，人人生來都知，從無疑義；太極拳不用力則全是內在運作之功，人完全不知，對任何人而言，都是一個全新的學問與認知，更是一個反向的觀念，因而有其深厚

的內涵，是要學習與了解其內涵，並非僅有其形式。筆記共有九冊，分為上、中、下卷各三冊，因為編修整理的關係，本次先行出版上卷三冊。本套筆記所記，全是內在運作之法，以供學者參考研修。

　　所以太極拳高深奧妙，其玄奧難明，由於要學其內涵，能知其內涵，就可知道太極拳並不玄，只是高深。自古相傳有論、經、歌、解，論是拳論，經是拳經，歌是真義歌與十三勢歌，解是行功心解，其中皆是太極拳內在運作的精奧，太極拳已盡在其中。筆者於一九九四年起，將上述經籍修習所得，自認巧妙有效的內在運作之法，不捨遺忘，開始筆記，不知不覺間記了近二十年。由於所記內容微不足道，不敢示人，為拳友的敦促，勉予成書示人，如有缺失，尚蒙先進指教，則不勝銘感。這是要一面學習、一面體悟，才容易明白，畢竟太極拳是反乎一般習常的觀念與認知的，非經體悟，難以明白。

陳傳龍　謹述於臺北
2017年10月10日

再版序｜談太極拳「養生」之道

　　養生就是練拳，練拳就是養生。太極拳不可用力，是內家拳，在於內練氣勁，不同於一般的運動，而能既是拳術，又是養生之功，由於拳術與養生都同源於氣勁，能有二者同時都有，並非分別來練，所以太極拳養生就是練拳，練拳就是養生，以養生來練拳，以練拳來養生，在養生中練拳，在練拳中養生，逍遙自在。所以十三勢歌云：「屈伸開合聽自由」，如若只講拳術而無養生，或只講養生而無拳術，就非太極拳。太極拳常被誤導，往往說是太極拳，而實非太極拳，太極拳能有其高度的價值，即是由於既是拳術，又是養生之功。要能判別，要能真正得太極拳，就要能真正掌握到太極拳。

　　養生包括「養身」及「養心」。太極拳的「養身」是練「體」，講求鬆柔，以修煉內勁，使身體氣血和暢流通，促進血液循環。所以用力是體力的消耗，鬆柔不用力是體能的蓄養，不用力所產生的鬆柔，使得身體裡邊氣血旺盛，對五臟六腑、周身筋脈骨髓都有益處，因此可以養身！

　　太極拳的「養心」，完全是謙讓不爭，拳論中所講的全是謙讓不爭以致勝。

他強由他強，清風拂山崗
他橫由他橫，明月照大江
他自狠來他自惡，我自一口真氣足。

　　此一「九陽真經」雖是武俠小說泰斗金庸大師，在其「倚天屠龍記」中所寫的一則內家功夫的秘訣，但在太極拳而言，實是完全契合太極拳的一個精妙絕倫的至高境界，太極拳本全是道家的思想，以柔弱勝剛強，完全符合道德經所說「夫唯不爭，故天下莫能與之爭」、「天下之至柔，馳騁天下之至堅」、「後其身而身先，外其身而身存」、「取天下常以無事，及其有事，不足以取天下」，是求不爭、求無為、求謙讓的一種極高的人生修養，這也全是太極拳的思想，太極拳全是這一思想的具體體現。因此，太極拳的修煉實是修道，是一種「入道之門」，也是修心的要旨所在。

　　所以養生，身跟心兩方面都要照顧。修心養性，唯此而已！

　　　　　　　　　　　　　陳傳義　謹述於臺北
　　　　　　　　　　　　　　　　　2022年12月25日

太極拳的拳架演練

太極拳是內在運作，非外面形式，是內練之功，所以是內家拳，由於古代對拳術都秘不外傳，尤其是內練之功，所以太極拳向少為人知。

時至今日，太極拳之本貌更是不為人知，太極拳本非外面姿式，學習太極拳多誤認為太極拳是外面的一套拳套姿式，認為會了拳套姿式便是會了太極拳，打拳套姿式便是打太極拳，空練外面姿式以致陷於迷途，苦學無成，從許多勤學苦練拳套多少年而無功可見，更不乏練了三十、五十年仍是一無所有就可知道。太極拳並非一般性肢體動作的運動，非僅是一個形式而已，內在運作之功才是太極拳的本體所在。古云：「拳為知己者吐」，又云：「重拳重老師，真傳自得之」，可見在古代拳術是並不輕傳的，但願愛好者能辨明拳套姿式與太極拳的不同，以免枉費工夫。求內而不求外，才能功到事成，不致苦學無功。

太極拳本是拳術，練的是拳術，不能認為有了外在姿式就已有了太極拳，其拳術在於推手，內在運作全是推手的拳法，所以練拳套姿式，即是在練推手，否則就成了空的

架子，能有正規的學習，會了拳套姿式就應已會了推手是毫無疑問的，由於拳套姿式中的一舉一動都是練推手拳法的使用，所以一人練拳套姿式即已是一人在練推手。練而不會推手，顯然所練的尚無關於太極拳。內在運作是心中的運作方法，以求內練之功，經譜歌訣所言及密傳奧秘，乃至深奧秘笈，全是內在運作之法。只因時至今日，常把拳套姿式誤為太極拳，與推手分為二件互不相關的事，成了拳套是拳套，推手是推手，於是勤學苦練拳套姿式雖然一無所有，而仍認為是會了太極拳，認為推手是要另行學習的。其實拳套與推手是同一件事，會了拳套姿式即應該已會了拳術。否則如果是如此的話，打拳套姿式的目的究竟是為了什麼！不要認為勤練拳套姿式，就可以有太極拳。

或有學太極拳的興趣只是為了求養生，無意學拳術，對此首先要知只練外面姿式是不可能養生的，不可能硬比外面姿式就能有養生的作用，就能養生不言可知，不能把太極拳看成是外面的一套形式。其次要知，在太極拳拳術與養生兩者是一體不分的，能有拳術就能養生，能養生

就能有拳術，由於其作用全都本於內在運作，而能既是拳術又是養生之功，太極拳的珍貴亦在於此，不可不辨明外在形式與太極拳的不同。由是可知如若不談內練而求太極拳，只是空形假相，永無太極拳，不言可知。

　　本套筆記所記，全為作者追求內練內在運作的過程，不欲自秘，提供同好共同研修，以求拋磚引玉。期盼愛好者精益求精，以探究太極拳的神奧之境，勿使太極拳淪為眾人莫知的拳術。

陳傳龍　謹述於臺北
2017年10月28日

《太極拳透視》閱讀導引

恩師 陳傳龍大師習拳超過一甲子，初期曾親炙道家仙宗崑崙派 劉培中師爺學習道功與太極拳，在從公之餘，潛心浸潤在太極拳浩瀚宇宙之中。

從職場退休之後，時習拳已近四十載。為能真正掌握其堂奧，與道友切磋、探究、印證，逐日將體會所得的心得記錄下來，持續近二十年，密密麻麻記滿一十四本筆記皆是具有實際效驗的內練內在之功的方法。由於所著《太極拳本義闡釋》一書已完成並出版，筆記已不再使用，某日清掃，恩師本擬將這些筆記拋棄，幸為眾師兄姊見之，如獲至寶，齊力勸 恩師將之繕打集冊出版分享同好，終獲首肯。

於是眾師兄姊們分工繕打編輯成九本方便攜帶的小冊子，但嚴謹的 恩師堅持重新一一審視校改，在教導我們之餘的空檔，日以繼夜，字字斟酌，以期易於瞭解與避免誤解。花了一年多的功夫，所有筆記全數初步修正完成。為免讓太極拳愛好者久等，先行出版前三冊，其餘六冊將分兩次於半年及一年後分別各出版三冊，以饗太極拳界同好。恩師為太極拳付出之心力，吾輩實衷心感佩與慨歎。

恩師曾私下獨嘆：「撰修這書已經不是辛苦兩字可言，這點滴是心血，內在之功才是太極拳的本體啊！」即使已完

成繕校，為使拳友更能理解與體悟，每冊筆記的審視修改均達十餘次。雖然是體會心得紀錄，但仍有脈絡可循；雖然是逐日記載，但仍然有層次感。因係逐日筆記，雖然難免有些重複，但搭配的運用卻不一樣，有助於學者的明瞭。早期的敘述，著重內家拳的架構身法；到了中期，則偏重內在的氣勁培養；末期則已進入神明層次。讀者初閱可能會有艱澀難懂之感，甚至產生懷疑可操作性。為能讓讀者有個下手處，建議以下方式進行閱讀，相信會頗有斬獲：

1. 第一遍：快速瀏覽，大約知道該冊內容大要。
2. 第二遍：逐日看懂各段內容敘述，與自己學拳的體會對照。
3. 第三遍：檢擇自己能認同體會的部分，進行對練印證。
4. 第四遍：對於無法領會或不認同部分，可於臉書社團（陳傳龍–太極拳本義闡釋）中提出討論。
5. 第五遍：擇要深入練習，逐日築基，從架構身法、氣勁培養到階及神明，假以時日相信定能有成。

前三冊是自民國1994年9月6日至1996年6月12日約一年九個多月的練習心得，充分顯示出每天用心練習、體會、

反省、改進發展的實際操演經歷過程。三冊中，提到腰、胯的運用各750多次，腰胯連用300餘次，尾閭近200次，踝100餘次，可見腰、胯、尾閭、踝在練習中的重要性；提到勁的運用有1,000餘次，說明了用勁不用力的精華。在第一冊中提出「趴」、「抱」的概念，第二冊中不斷強調「伸縮」的概念，第三冊中聚焦使用「化風」的概念，這些均是在坊間的太極拳書所從未見過的，如果不是親身不斷的嘗試體驗，何能如此精準地闡釋其操作內涵呢？

　　內容雖然是日記式的心得紀錄，但循序漸進的功力成長發展，斧鑿之跡處處可見，充分地將先賢王宗岳祖師的拳論及經、歌所言具體化地印證在操作上。讀者將不難在各日的心得中找到經、歌、拳論的影子，對於初學太極拳三兩年的同好而言，雖稍難掌握，但從筆記中可以找到許多可檢視自己架構身法是否合乎經、歌、拳論的要項以及學習的方向；對於習拳五年以上的同好而言，一方面可以驗證練拳方法是否正確，另方面則可在每一冊中可以找到提升自己功力之鑰；對於習拳十年以上的同好而言，不但可檢驗自己習拳的成效，也將因正確著法而如虎添翼。

林燦瑩 ｜ 2017年11月12日

太極拳 | 透視 |

1994/9/6 ── 打拳是在不斷調身，以意運轉周身筋骨來調，一切動作乃不斷調身，兩手不動，心中、兩手皆無打外在姿式之事，任何拳式總是在調身，並與呼吸配合。心裡要知把握住正確的意念，方可有成。所以打拳為調身、調息、調心也。調身者，乃調變周身內部筋骨。調息者，乃調變身內之內呼吸。調心者，是一種修養，以有為之心，轉化為無為，乃返璞歸真之功。

9/7 ── 想到形是因應別人而做，順人之勢。動時專心用趴，用趴下身來的力來動，身方可鬆柔。

9/8 ── 與其亂動（想走形），不如立定姿式後，以調身為主。調身時要氣貫入腿，使上氣下沉，立身以腳底之力或地下之力向上頂撐吾身，身即鬆沉。以腳下為磐石，身只是一細柳條，進退轉動時均作被動想，胯一鬆落，人就動了。

9/9 ── 不要亂動，要調身，以意固定雙肘不動，就可不亂動，然後調身、調腰、調胯。

要有尾閭低於臀之想，一切動都有調身等著法，一有亂動走形，一切就失效了，拳中無此思想。

務要趴著調身，脊要突出，調身在調脊舒，尾閭低於臀，肘高於肩之想（沉肩），兩臂未上舉而已。

臀在足下腹在踵，肩胸下腹氣順暢。

氣充內裡任君旋，虛心立身身自穩。

趴腰扭旋不可無，雙臂未舉肩自沉。

動有著法要遵行，心比形式是空忙。

9/10 —— 動與趴是兩個不同的情況，要動就用趴的力來動，這樣才可身柔。若用動，身上必會生僵，所以不能鬆柔。趴是以意作勢而產生趴的勁，並非真的趴下。

9/11 —— 人力加於我身，應即將之轉化入我身內，融化為我所用，不可拒之於外，不讓進來。應請其坐（坐到我腿上），使一羽不加。於發時在接觸點上要完全化脫清楚，以趴、貼、吞發之，以不讓人知。或用好像不讓人接觸吾身而扭脫之意發，或以腰椎隔空發之，接點完全不動，以不讓人知，使出其不意，人未及反應已跌出。我主動拿人發時，接點亦切不可

發，接點定而不動，以趴發之。

9/12 ── 打拳後退要退得透（退之則愈後），到不能再退時自會旋轉，如倒捻猴，身會自轉，臂自會上提；進則要進得透（進之則愈長）。打拳之主體乃在身要趴，足有勁，頂要提，臂要重，背要拔，腰要弓，襠要開，胯要坐，脊要裸，肩要沉，全身要舒。

9/13 ── 【歌】
　　弓趴重提為藏身，開拔坐沉梗上花。
　　屈伸開合全為舒，但得柔字始成功。
　　力由地下借，人來請之坐。
　　矮身乃為發，亂動定無功。

　　進退要以扭胯為之，胯不可死。

9/14 ── 要寬腰，即腰腹放大，所以「寬腰身更柔」。
　　【歌】
　　力由地下借，人地氣交流。
　　身似水樣柔，滔滔勢綿綿。

9/15 ── 打拳是求整個身體的變化，即調整身體，不是打形，如要打形那一定會僵，是在比手畫腳了。打拳很單純，即用趴、開、插（腳向地下插），加上呼吸而已。

9/16 ── 在架式變化中求要領，非求形式。

9/18 ── 力由地下借，靈從頂上來。
和合氣交流，風雲變莫測。

9/21 ── 提檔吊胯吸地力，崩危要用吸蓄救。
發機來時腰一弓，意動氣動身不動。

9/22 ── 發一接處吸蓄引，腰胯隔空打。

9/23 ── 練拳主要為練氣，想著氣在上下走中帶旋動，或在旋中帶上下走，氣充全身，勁很大，但要以氣柔身，要想著全身，不要想局部，更要想著天地，則能圓順。

9/24 ── 練拳要練氣，氣為水，意為風，骨或身為

水中之懸浮物，由水流使之動，故不是自動，自動為亂動，要以水漂物，因此腦中所存在的，不是原有的動，要改換一套以氣漂骨之思想。呼吸以腰脊，氣即充沛，不要以腹。

要檔中揉球，以腰使之揉，儘量發揮腰檔之變化，活動要旋，圓為最高境界，旋是旋身內的氣勁。

9/25 —— 打拳在舒暢腰胯，中正尾閭，以利推手之用，配合舒肩、趴、開。

9/26 —— 發時不用動手，以腰腿柔上身，則全為腰腿勁。

打拳動時習慣以慣性啟動，這是敗筆，要先通過趴開舒柔再動。

打拳在於在尾閭中正之前提下，舒暢自己的腰與胯，乃至於肩臂以及全身。所以打拳者乃為舒身柔身，而肩更要平穩不動，舒柔下沉，要練成習慣，以上可以趴、開、舒、柔、旋五字概括之，同時注意動腰腿，故再要加上走、跑、跳三字。

以意旋腳進攻時，以一旋攻入後，要練習連續旋，各種方向不斷的旋，方能靈活無邊。

9/27 —— 打拳要想到在運動整個身體，從頂到腳，並非局部，如此人怎可制住吾！身似游龍，並要舒吾腰胯，胯中有圓。趴以柔身，旋以舒體；趴以柔筋，旋以舒骨。

9/28 —— 化要化得大，人雖微粘，仍要化得深廣寬大（指內勁），打拳時亦如此練，因為這樣才能應付人的大動作。這是講內在，非外形。

9/29 —— 每一姿式先想好每一處要如何旋，退不是退，進不是進，要查察身內應如何旋，要練由旋來動而成進退。要旋，心中必須先有個軸，軸不動才可旋。軸可為直線，可為中心點，但要不動，方為軸。有旋才有變，才有姿勢。

9/30 —— 要學旋，不要只管架式，想到臀下胯檔有個大轉盤在轉，兩肩落落大方，毫不緊張，腹放鬆，使兩臂兩掌與兩腿兩足相通相會（內在氣勁）。亦可想到關節在轉，尾閭在轉。練兩胯、腰、脊、尾閭放鬆，像兩肩一樣的鬆。

太極拳
|本貌|

1、太極拳有一定的理論根基，是本太極陰陽動靜剛柔變易之理而為拳術，由於理本太極，而為太極拳。此理，王宗岳在拳論中有詳盡的闡述，是太極拳的根本所在，離此，就無從理解與學習太極拳。

2、太極拳的令人難知，由於太極拳不同於一般觀念中的拳術，一般對拳術多認為拳術是拳套姿式，在於拳招姿式的使用，必須要用力，但這是對外家拳的觀念。太極拳是內家拳，完全不同，是內練之功，不但不可用力，更是完全不在外面姿式的使用，與外家不但不同，更是完全相反。由於觀念與認知上有了差異，所以百思難明。

10/1 —— 不管姿式，只求在原地練旋轉成姿式，主要在練旋，是身內旋。旋時注意伸展，各種不同方向之伸展易成姿式，要逐式逐式練成更好。旋中求輕靈。

要練鬆胯，動中鬆胯，氣勁在腿中轉動，較在腰中為穩。勁到胯下，兩腿當然穩，而比人高了。

10/2 —— 舒腰以柔胯，舒胯以柔腰。

發時先拿準人之僵處，以趴勁發向其僵處，如未發出，則已逼緊其身，立即補以站穩己身而防其倒之心，則一定會發出。

10/3 —— 嚴格說打拳完全要沒有動，動就錯，動就用力，就生僵硬，而是要求輕靈柔舒綿，以氣貼著骨運行而動，骨為架，不動，這就是動，不是我們一般所認識的動。一般的動一定不對，所以要揚棄這種動，而要用運的方式來動，這方式就是拳法，是本體。

兩臂也不是用抬起來的思想，是臂自己浮著的，要感到肩臂沉重鬆柔。氣與腿相通，全身柔和。

不動為要，此言外形之動，要內動，作內姿，內動則氣行，氣行則筋脈通順。內動要求輕靈柔舒綿，內動則體變化莫測，異常靈活。特別注意腰胯，兩臂

未舉，兩肩落落大方，發揮下盤，前進以趴、跳之意，後退以抱泰山而回坐之意。

10/4 —— 後退時鬆化上身，將上身氣全部下沉，下貫於腿腳。心存退而斥責對手之意，則神出現而以逸待勞，退而斥責之意一定要有，如專做這一點，上述狀態已包含在內。

全身尤其是上身不要用力變換，變換全在腳與胯，此全是意動氣動。

無動不舒腰，舒腰在先。

要有斥責之意，神乃上輕下實，身體鬆沉。

10/5 —— 掤時要感到身上骨架受力下塌，而向外張開似的，如此鬆而有彈勁。打拳就是打周身張開塌下，不要斷，斷時人有力來即無法彈之出去，隨時保持好，如此求不但要用舒腰，還要舒全身關節骨頭，彈性更大。骨架張塌時要整體一致，不可局部。要注意腰胯的架勢變化，不要老注意手勢之變化。舒腰時有氣循骨流轉運行之感。

10/6 —— 筋骨有承上方之力之感，而吾筋骨自然就產

生浮力，如水浮物然，這就是掤勁。

　　凡動都是以旋扭之力，非亂動，內氣必須運到全身走動，此乃練功，與人不同即因有此內動運行。

　　打拳先舒腰柔胯，同時運氣轉動，姿式動靠旋扭，非亂動。隨時將勁沉至腳底，使成立即可發之狀態，即似將弓弦隨時拉到底，準備可發之狀。

10/8 ── 打拳字典中沒有動字，動只是日常生活中的動作，時時都在動，還用得著去練嗎？要練的是趴、跪、藏、旋、開、落、舒等方式的動，進是趴、跪為主，退為藏（胯後拉藏起來）。旋不刻意如何旋，在拳勢變化中，哪裡好旋就旋哪裡，要用心去找，慢慢可全身都旋，這是由自然中成長。要有全身各筋骨好像很重之心理。

10/9 ── 打拳除如上之外，兩腿內必須要有伸縮（內勁），以膝來活使之靈，如此打改進甚多，非常重要。

10/11 ── 打拳沒什麼動，只想到腰胯如何扭旋、如何變，在原處變化，身自動，全心全意只動腰胯，四

肢自動。推手時手上感到的都收歸於腰胯，可以說打拳只是腰胯在變化，在變動腰胯，日久腰胯腿變，全身一致變。要有兩手收歸於腰胯之意，日久腰腹之氣與兩腿之氣、全身之氣會合一變化，腰胯變時仍以趴為動力。用心按照功法來動，意氣自會上身。

10/12 —— 主要在身內變化變動，練整體，非在外形變化，使身內變化無窮，以練體的變化，人莫可測。感覺到自己的氣要在身體的陰（後）面著力運轉，令人不知，不可落在腿的前面肌肉上。

　　一般撥人習慣用手，不要用手，改為使用腿腰之意，代替手撥的動作。

　　若用撥的，不是用手的力，是以下身之勁撥之，不要用手對待。

　　不可動，變化時用調整身內之氣纏過腳底腳跟，即變即纏。

10/14 —— 打拳沒有動作，也沒進退顧盼，只是腰胯在原地轉變，姿式就可自然形成。腰要配合實腳去轉變，方可得機勢，如刻意去做姿式，必動上身，立身不穩。只是腰胯轉變，則才純是腰腿進退。腰胯轉變

時最好能同時照顧雙臂。另須在轉變時，兩臂舒暢自然才好。

練拳應該要將兩臂掤好（似擱在東西上）不動，運動變化時專心注意柔身舒身轉變，則意境完全不同，是另一個境界。如用思想去完成姿式，則覺拘束不活，練時要以鬆為法，要這樣鬆身、那樣鬆身，隨著架式變化求鬆的狀態，這樣肩毫不自動，完全在腰腿之變化。打拳根本是在練柔身舒展，非打姿式，如此運動量很大，完全以柔身為主。變化之目的就是為了柔身，變時要注意內裡要有變化，以內裡變化為導引，即內氣在流轉，所以是內家拳。

10/15 —— 胯縫刻意後收（藏）即姿式優美，好像有人坐在我腿上似的。舒身手臂要不動才能舒，肩背也不動，而且要舒之，動時不要忘了頭部要虛靈。

練拳時不可只練架而已，更要有假想受人壓迫我某處等有推手之想，才有進步，往往要想到自己被迫到最困難之狀態化而發之，要有化有發，把發想得很熟練，而成習慣，要有練拳架根本是在與無形之人推手之想，所謂「無人若有人」。練拳架本是為了練推手，所以拳架要練得對。

10/17 ── 練拳在未動之前以意氣先打出姿式，以意導氣在體內流轉，如此綿綿不斷，如先動形體則無法運氣流轉，所謂「先在心，後在身」。

　　心裡想到身體內都在動，則是全身一致動；如不想內動即是外動，則全手腳動。

10/18 ── 以頂領身而動，全身才能自然放鬆；如不以頂領，則必全身拉扭而出僵力。如心想打架式而動，則必是亂動而生力，全身散亂不一致，故必以提頂而動，是不能稍斷，因為頂為人體之最高點，在上提領著身體，才能全身一致提起而立身端正，即十三勢歌云：「尾閭中正神貫頂，滿身輕利頂頭懸」之意。如以肩或他處提，自然會散亂。

詩曰：

　　頂領腰旋綿綿連，由頂至腳細細研。
　　頂提身動不可斷，筋骨處處藏柔綿。
　　架勢未動意先行，內勁旋轉勢自成。
　　不研著法是亂動，必定終身一場空。

　　意念一定在身內轉動，不能想到變化外形打拳，在外形即手動身未動，在內就要胯先動，就可整體

動，要想到每個骨節全體一起在轉動，就有身內之輕靈。所以打拳先打自己身內意氣變動，然後外形自動，要注意兩腿關節之圓活。發時若只做拔腳想跑，或作翻一下身想，則甚合要求，乃純是腰腿之力，切不可作發想。如加入趴意則更徹底。

10/20 ── **伸縮**─打拳全在身體之伸與縮，伸中有縮，縮中有伸，要想到拳架招式全是練身之伸縮，不要重外形，外形乃是各種不同狀況之伸縮，先重腰之伸縮，漸有胯背胸之一起伸縮。架勢之變化乃身體伸縮之變化，要適應各種不同身形之伸縮。打拳者，身體伸縮而已，所以說熊肩龍身。要伸縮，不可僅有氣在身內之變化轉動，這樣就身形不活，若配以伸縮身腰則身形靈活，這才是對的。

　　今天的發現是一個轉捩點，進入新境界，但氣尚不夠活，此尚有進步之預示也。有此發現，先在想將兩臂交與腿，動時將兩臂交給腿，乃漸感身內有伸縮之境。兩臂交與腿，要以意動臂，微微以意一動臂，臂即落於腿，此讓臂交由腿來保護，上輕下重，遂想到陳鑫之言，「凡動必手先著力，隨即鬆開」（後見李亦畬所傳郝和氏拳譜亦有此語）。

開胯似腰下撐開之傘，能使胯鬆。

10/21 —— 要在打拳時練以意沾粘對手，不可只管運身，何況只在手形。

以腰與腳拉開大腿胯骨關節，有時縮緊胯骨關節，要在打拳中多練，拉開胯節用於發勁，甚實用。

10/22 —— 伸縮有時覺得不能做得順暢，其原因在於要「將兩臂交與腿」為其先決條件，以兩臂交與腿直至腳跟，以使上下勁由背而腳相連為一氣，方可全身上下一致伸縮。只要將臂交與腿，腿臂相連一氣，不伸縮也會伸縮。所以凡動均不要動，以意將臂交與腿即可。如未如此做，則肩與腰胯不能連繫一致，一試便知。伸縮時，兩腿同時要配合腰胯一起動，若以外面形式為主求，練的僅是形式。

10/23 —— 只要把兩臂交與腿，動時自然就伸縮，趴時兩臂即已到腿。

「尾閭先行」，即尾閭先動發力，否則他處先動，就成了亂動，勁力散亂，會全身不一致。所以一定要尾閭骨之尖端一點先動，兩腿即有力，胯打開，全身

動力一致。

單手或雙手伸出手時，如不作向外伸出之想，而在伸出中想著用臂向身內縮回，則勁反大上許多，啟動了全身勁。

「尾閭先行」，只要做到好像先行就可以，不必太著意著力，要與腳跟相配合連接。

練架用臂向內縮回腰脊之意是必須的重要手段，因為如此做，不但勁聚腰胯，如要產生扭轉腰脊、旋肩扭肘坐胯之勢而生圓，就要這樣做，至要至要。

旋肩扭肘不是故意去旋扭，如故意去旋肩扭肘，則勁散亂；是要用臂縮向自己腰脊，則自然生扭旋與腰胯勁一氣行動。

八法者(八法是指─掤 攦 擠 按 採 挒 肘 靠)，一氣旋扭中產生，不是分別八種個別動作。以臂與腿配合縮向腰即生扭旋，才是真正在練，在練內勁。

10/24 ── 不管怎麼動，腰胯兩腿及檔內一定要有充沛之氣，要用好像用力之意，則尾閭尖自先行，兩臂自交與腿。

一腿弓時，另一腿要配合姿式變動而伸展內勁，以穩架勢，如兩腿及胯保住充沛之氣，則兩腿自穩。

10/25 —— 尾閭尖先行總是不錯，如是則兩臂及上身並無自動可言。只有將臂力交與兩腿，不斷的交就是，上身也要交下去，要如此做，就要將氣先經由兩足及尾閭尖轉過，就自然能形成。兩腿要順勢配合來動，來順勢變動，與腰一致一氣。上身隨便一動即失去身體平衡，而且會生僵，不可不知。要動勁先要由尾閭尖及足底先動，上身不可率先自動，下身才能動幅大。動時用脊椎帶著足與尾閭尖動。呼吸要在足底尾閭尖著力，不可在胸腹著力，在胸腹著力，勁便散亂，在足底著力呼吸，全身勁整而柔綿。

　　動時，臂及上身之力向腿與腳送就是。

10/26 —— 手停住不動，以讓腰胯變動，練腰胯動才是練真的，腰胯要能作內在轉動變化。

　　發揮腰胯動，運動時有一種氣勢在，一種特殊之氣勢，全身一貫之氣勢，一動全動。腰胯的氣勢發揮得十足，全身氣勢一貫，其主要的關鍵在於動時作大開檔，尾閭尖處在運動中心，身體內變不停，所以勢中有內變外變（外形變、身內變）。此種腰胯的特殊氣勢是全動，全身氣勢一貫，就是在開檔之中，腰胯發揮變動，促成周身變化，內變不斷。

這種氣勢主要在於開檔活胯，使勁沉於腿，同時要有形成這股氣勢之心想。

10/27 —— 發放用整體勁向下旋，臂勁向內旋，不可由腳向上旋，向上根不穩。先把人撫住，手臂不可稍退（軟回），腰一趴人即出。稍軟回就給人以時間及知覺，發之不強。發時把要用力之處予以軟化，則發之更妙。

　　一定要在人初硬時趴發才有效，一感人頂即發（非用手），用趴抱最好。搭手時不能只顧自己化，同時要以知人之勁，捕捉人之力為要務。化要無意之化，不化自化，才能專意捕捉人力。捉到時要即發，極靈極靈。發時乃以意將感到之力吸入吾身乃至腳底，一觸即吸，極快極快，接觸不讓人知，任何力來，均可以此法吸之發之，乃能成妙極絕技。成功之徑乃在如何知人之勁、捕人之力，以極靈之反應吸之吞之。

　　抱—在粘化中一遇硬力即去抱，為很好之發。抱時要以準備抱之意，而非真抱。

10/28 —— 太極拳既是腰腿運動，只變化腰及上身是

不夠的，要連結胯腿而動，產生內在變化才對，要有內變而不是外變。若只用腰動，動的只是上身，而且必會生僵力。

掌定來人勁，避其力攻身。

一覺有僵動，瞬速抱前去。—此為搭手歌

10/29 —— 練時任何一處（尤其是肩臂）要動都是亂動，甚至意念想動也不可以，均應交腰胯處理，此時自有如前日所述之氣勢。

要練以腰柔肩、以胯柔肩、以腰胯鬆乃為合法，使肩與腰胯意氣相連一貫，此要多練。

伸縮仍甚重要，打拳伸縮即可也。伸中有縮意，縮中有伸意，伸縮方能靈換。

趴抱之為發甚實用，遇人重力壓我不要慌，可吸之蓄之引之，一覺其頂抗之硬力而趴抱之，要有化過其力而進更佳。趴抱要一路注意點點為之，隨其變化，即一趴不著，連接再抱之，當然抱的是他的硬力。今天與人練，接其硬頂之力輕輕抱之，不意其竟跌倒，此是我第一次用此法，不意卻很實用，即以接人之硬力而抱之，何懼其硬力！

伸為縮之始，縮為伸之始。即為欲伸即縮，欲縮

即伸，而能伸中有縮，縮中有伸。

1、將來力吸蓄引至腰椎，發時將之下貫。

2、運氣時以骨為著力點，在骨內運，不可在筋運。在筋力外露而為人知，在骨內不為人知。

3、發時方式有種種，不一定在趴抱，在某種狀況要以某種狀況發之，原則在動腰胯不動上身。

發時如肩有僵，只要開胯檔，肩力即消失。有時發時用吊檔或縮腿，視情形而定。

10/30 ── 練只許胯動是動之基本，然後都是伸縮，凡動即錯，必生僵，還能談柔？只有伸縮才對。伸縮都在身內，伸縮身內骨中之細線，似抽絲，將其中纖維如絲狀由骨中向上下抽，全身一起上來，則全身鬆柔一致，甚佳。如照往常時的運，仍為動，有塊狀之僵勁在。

3、先聖老子曰：「反者道之動，弱者道之用。」太極拳是道家的思想，反乎一般凡俗的觀念，以反向的作為求取正面的效果，以柔弱為手段，得到剛強作用，是一個哲理，非世俗的觀念，非以世俗的觀念可以理解。

4、「陰消陽長，陽消陰長。陰極生陽，陽極生陰。陰不離陽，陽不離陰」是太極陰陽變易的自然法則，太極拳即本於此理，而能無力勝有力，以柔弱勝剛強。拳論所言，即是闡明此理在拳術中的應用。

11/1 —— 人搭手攻來，要將其力全部吸入我身，而後先使出趴勁再用伸來發，不要在一搭手未將其力拿好就發，如果這樣效果就不好，弄不好反為人制。

練架即是搭手，非常重要，練架本是在練搭手，否則目的何在？要刻刻留心，要假想人勁壓迫我制我，攻入我的虛處，或制我實（硬）處等等，其勢甚大，我以腰旋趴而化之，以求中定得機得勢。攻我部分一定在我上身為多，我上身受迫，以下盤腰胯旋而化之求中定。練時要想像其勁之威力迫我，威力愈大，我感困難愈大，練功進步愈大。所以架式各勢之變化完全假想為因應來勢，轉背為順而已，如只練架而不能搭手，一切是空練。

11/2 —— 練拳以意不斷吸地氣由腳而入，是即有根，更想到由腳抽絲而上。

動即錯，一動，身即有僵氣，以趴、抱、拉、旋、伸、縮等代替之。

許多人都以「在氣則滯」解說為沒有氣，真是不懂拳，無氣如何打拳？更不用談應用了！這句話之中明明有「氣」字在，怎可說是無氣！

動就錯，動時一定要以趴、抱、開等心意代之，

否則身僵，是練太極拳不能鬆的真正原因所在。

　　要倒時以足踝扭轉穩身，用些勁旋扭使不倒，乃佳。

11/3 —— 兩人相頂時，身上生出僵力，將僵力鬆開，即可發。

11/4 —— 化時動時必須同時補足腳底之氣由上向下存入，因身形一變動，原在腳內之氣即向上，而使再動時無後繼之力，即用好像存錢，一面用一面存，乃可不缺一樣。

　　凡動均視之為在發，而發要用趴、抱、拉、拔等，以使之熟練，凡想要發即用趴、抱等來動。

　　打拳時要無視於動形，而要只想到做趴、抱等動作，所以可說心中動形即錯。

　　神要快，所以「神迅似電」，精神要提起，刻刻好像在賽跑時起跑之心，要練到平時覺得對方很快的來招，變成不快而很慢，這全靠平時練神用靈（此乃因為自己的神的反應比對方快）。打拳雖看似慢慢在打，心中卻似閃電般的快速，以增進對快速的反應。

11/5 —— 練腰內像有個球在轉動，很重要。

　　發勁用趴要向下垂直趴，腰腿自會前進，人不知，若趴而未著對方，即改用抱、拔、拉、伸……等。有招而無招，有形而無形，有動而未動，有發而未發，此拳之精奧也。趴是作勢趴下，並非真的趴下。

11/7 —— 照著定式打很不自然，成了死招死式，如心中不依定式，在定式中專心作以胯柔身，或作內動，以產生姿式，即成實用拳式。

　　凡要想著用大力，即要用腿力，打拳不應無此之想。

11/8 —— 心中先有形，先以意完成之。身尚未動，心中形已完成。

　　練習捨己從人，身內意氣靈活變化，快速無比。

　　無論拉胯、伸縮，必伸中有縮，縮中有伸，勁乃大。欲伸先縮，由縮生伸，趴後即站，欲退先進等，不可只有單純之伸，或縮。

　　凡動一定要將兩足之氣貫足，凡變一定要調順小腿與足中之氣，凡動不能單純動而已，要不是化就是

發，不是引就是拿，不能只是動動而已。

發勁以更年期（由上而下數第五節脊骨）好像為人用棒柄下壓亦是一法。

11/9 —— 氣在腳底及小腿調順，才有根，氣在腳底繞過即可，腳底之氣與腰中之氣，乃至肩臂之氣貫串相通。

意想腰部有一大氣球，內收則縮小，往外擴大則感兩手氣充足。

架子形式只是指示變化的方向，指引變化的路線而已，有了方向路線，不是以動去完成，而是用腰胯轉動，氣繞腳底，形自會完成，如果只是用意去打形式，則失去用意練習功動之機會，身上必僵，何能言鬆柔！

氣一定要在小腿與腳底調順，不可稍斷。

調順腳底之氣很重要，氣要上下走動，可用腳底呼吸。

11/10 —— 氣充湧泉有其必要，不外是調順呼吸，吸入地氣。足氣要與腰氣配合旋動，使只有呼吸（內），沒有動作，只微微呼吸而已，非常單純，只

做呼吸而已。在動作中呼吸，這樣呼那樣吸，那樣呼這樣吸而已，以此運氣、養氣，進入不可思議之境地。在專意做呼吸，不是打樣子。做時要以趴助之，趴在先。

11/11 —— 練架子心中專心想著去做氣充於足，不要走形。

　　永遠在心中保持腰腿之化發機勢，得機得勢，以養成習慣。說實在的，手的外形是假形，真的作用在腰胯中，所以要一直保持腰胯的機勢。

11/12 —— 練架不要做習慣性的自動，一動即硬，要充氣於腳，調順腳腿之氣，進時氣向下充，退時氣由腳底吸入，轉時一充一吸，如此之動，即完全是以氣運身，是靠呼吸而動，不是自動。

　　兩肩要落下，不要上提而不自知。方法如假想頂上有重力壓下，未舉兩臂，使肩臂之力下沉於臀於腿於腳。

　　現在證明充氣在足，是完全以氣運動，不是常動、靠力而動。所以有形無形，無形有形，有動無動，不動有動，更要有氣無氣，無氣有氣。有氣無氣就是不

要著意於氣，在氣則滯。

11/13 ── 氣充於足是身之伸，吸地氣入足為身之
縮，打拳乃氣之一伸一縮。

11/14 ── 微微稍有動就不是打太極拳，太極拳是有
一定動的方法，所以不能以常態去動，不能稍有一動
或一移。太極拳的動是呼吸動，呼吸就是調順全身之
真氣，不斷流轉，尤其注意充氣於腳，流動於腿，進
行時不要忘了在求「輕柔靈舒綿」。
　　「失敗主義」、「不接招」，雖然「失敗」心理
固然不好、不足取，但打拳以失敗主義心理去求勝，
則可必勝。失敗主義就是不抗、不接招，使對手永遠
不能得逞，而我以逸待勞，讓其入我的機勢內，我可
四兩撥千斤。四兩撥千斤者，首先在對方形勢的虛實
上去找，避實去虛就可四兩撥千斤。

11/15 ── 將「失敗主義」告知人，其即能改進特
多，因失敗生勝利之故，可愈練愈精進。
　　搭手發時以擠過人群之想，即有發勁。
　　充氣於腳跟後，氣之流轉順暢很多。

動就是呼吸，因為是運氣，是內呼吸，非口鼻呼吸。運氣以腰脊呼吸為之即動，但須貫氣手足，以呼吸代替常動，常動即習慣動，動必生力，成僵勁。搭手以「失敗主義」化人，吸人之力化之於無形，同時以手扶人，以「防其跌倒之心」似的為之，覓其身內之硬梗，吸之引之即為發。搭處若全不露形（動靜），則出其不意，輕巧神妙，人跌出而不知所以然。

　　所謂呼吸乃是內勁之正反運行旋動，不過氣總是要貫於足，跟乃穩，要好像很用力呼吸，但實際內勁（身內之勁氣）運行極輕極輕，全身氣充沛，身軀猶似羽毛浮於空中，極輕極輕，內勁乃氣的能量。

11/16 —— 姿勢一定要趴下，下半身趴，整個過程都是下身趴著。要坐在凳上似的，拳是坐著打出來的。不妨以穿衣脫衣之想打拳。仔細研究，原來穿衣脫衣時都是腰在動。

　　打拳實在是趴著打的，身一趴，就有了開檔坐胯。

11/18 —— 發勁如只用腳蹬則力至肩，不能鬆開。如以趴則動在腰以下，可肩臂無力。

11/19 —— 要以意運勁在身內上下走，就自然不受形的影響。

　　只搖手臂是肩在動，若以臂勁向內縮向自身，內生腰腿勁。

11/20 —— 打拳氣不斷向下運，充實兩腿及腳的氣是對的。但下半身也一定要鬆開，只鬆上，不鬆下，對方仍有可乘之機。

5、太極拳要求鬆柔不用力,鬆柔不用力是
太極拳之本。鬆柔與不用力是一體的,鬆柔
了就不能用力,用力了就不能鬆柔。不能鬆
柔不用力,就不可能有太極拳。

6、一般觀念中的拳術,無不都求使用有形
的肢體,這是外家拳的一種想法。太極拳完
全不同,完全不用肢體的動能,棄肢體之能
不用,求鬆柔與不用力,即是為了求棄肢
體動能不用。既鬆柔不用力了,又何能使
用肢體?所以學太極拳而求肢體動作的作
用,是不可能有太極拳的,不言可知。其棄
肢體動能不用,由於是內練之功,所以十三
勢歌云:「若言體用何為準?意氣君來骨肉
臣」,說明了太極拳體用的準則,可見太極
拳全是內在運作之功。

12/5 —— 不倒翁不是活的，所以不能調整重心。人是活的，可調動全身的意氣充實兩腳兩腿，使重心保持在下，故可不倒。其用在將氣下運，而不是動身體，可不化自化，不走自走，全在用氣，此妙訣也。什麼是拳？乃是氣不斷下充也。

12/7 —— 打拳時以氣向兩邊橫運，化開敵勁，不直運，則只感到在運氣。

推手時全心在感覺對方可發之處，在吸蓄中感覺，全心在注意去擊中彼身在活動中的一個小點，隨時提神注意，一接到即發，所以推手還是吸蓄而已，也就是在接到時，改變一下吸蓄狀態就是發，切不可用手推人。有時也可用在接到時將腿送出去給他之意發，有時可在吸蓄中，一直在注意在接到時用腰中之口咬他一口發，總之要在吸蓄中，全神注意接人，接到可發時即發，不可稍待。練得熟練時只要稍注意吸蓄即可，全神注意接人而發之。

遇到大壓力時（即已接到），即作大吸蓄發之。

不盡是吸蓄而已，要全神知道對方虛實，即人不知我，我獨知人，氣行骨中人不知我，解讀對方動靜為知人。

拳者運而已，非動也，動則敗。運者運氣也，運勁也，運時氣勁由腳跟始。

12/8 ── 推手不斷吸對方之力，吸而消化之，可化可發，其效奇大。

12/9 ── 一面吸，一面將其內氣浮起，轉氣向上使其氣浮起，如其勁下沉而出，則順其方向吸之，並轉圈擊其虛處。

吸氣之後可向對手吹氣，吹而發之，其法為輕輕吹之，只吹而身不動，即只心中用內氣吹而非真吹。吹時氣往往由腳跟而起，似若有氣吹人而已。氣吹在對手身上而不可斷，心裡看著氣之吹過去。

練拳時前進可一直用擠過人群之意。

單人練時用吸己身之僵力。

吸蓄到之敵勁，想像其已成固體，由此固體發出之氣體吹之，身不動，或視形勢而用前貼。

12/11 ── 發時一點也不讓人知將被發，是為最高。用腰腿發時接處不動，保持原感覺，自身有力時即吸之消之，對人之來力均視為一種固體，吸入後消而

化之使昇華為氣體，吹向對手之實處、虛處，見機而行。凡有僵力（不論是己身或對手來力），均要使之昇華為氣體，都以心意來化。

12/12 ── 動要暗暗進行，不讓人知，則輕靈至極。內變不讓人知，萬動不讓人知，暗暗進行。尤其在發時，更要內變不裸於外，內勁在內中變動，不形於外，使人不知。在骨中行，可不讓人知，因為全是內動，非外動，所以人不知。

把氣吸入骨就是不讓人知。人以力加我時，我要查明自身抗拒之主力，放開主力，則對方重心自失而無著力處。

發人時不是以力攻向敵身，而是吸其力不讓其知，以氣吹之。

12/13 ── 今日練時覺內氣充沛，身體有如氣囊，內氣在內開合鼓盪、呼吸，似只是在作內氣呼吸。以動輔助內氣之呼吸，符合分則氣充皮毛四肢，合則歛入骨內與竅內之言。吾如久練，功力一定大增，此與打坐練氣有關。

12/14 —— 後退時前腿胯彎處應內收（後收），使能讓人坐上之感，始能化得透出，對手落空無從著力，行此意尾閭之中正要做得落實，中正不偏，可見尾閭中正之重要與實際效用。

化人進迫，以腹部向下鬆沉亦化得很透出。

打拳要以凡是動均是發，使發勁全面都有，當然雖然發仍有化在其中，吸為根本。

12/15 —— 趴還是很好的訣，動中不斷以趴代動，根本沒有動，也沒有招，只是想著式子由趴在進行，二相配合。趴有長趴、短趴、點趴、弓趴等等，打拳是以趴在進行的，趴是以趴的動力來動。

關於打拳時只感氣在開合鼓盪，其根本在收住肚臍才有，以肚臍呼吸就可帶動氣之呼吸開合。

發揮以背部功能補助趴動，如果以氣呼吸取代動力，則進入極輕靈境界。

氣之運用應置於首位，以行氣取代人動，氣在體內以呼吸之方式內動，以氣發人才是妙手。以氣發人，不離臍，發時以臍吸氣來發，即以臍之氣發人。如何從動作過渡到以呼吸運作需要培養，其關鍵在於在動作中注意運行意氣，即呼吸（內呼吸）。

不要操作怎麼動，要做怎麼呼吸。氣由腹至足做呼吸，不是怎麼動怎麼動，而是怎麼呼怎麼吸，以呼吸為主軸而進行打拳，不是運動變化身姿。

12/16 —— 呼吸要呼吸得舒，呼吸得暢，若想著與對手推手，呼吸就能深長，呼吸得透徹、量大。

打拳手要舒暢，指、掌心、掌背、手腕，都要讓它舒暢。逆呼吸法以小腹，吸則提，呼則放。

打拳不要心裡想著打，要想著是做呼吸，本來就是這樣。

12/17 —— 動不能用蹬地伸腳等，要以腰胯動才能勁整有勁。所以自己動就錯，全是力，就是因為不是腰胯動。腰胯動與平常動是不同的情形，以腰胯動才符所要求之動，即似在蠕動，要多多體驗腰胯如何動。

12/18 —— 打拳頂不移（頂頭懸）是對的，每動氣都至腳，不可半途而廢。

自感得機得勢，即自感可發。若失勢只要守定腰中一點，微調整腰胯，即可回復得機得勢，即中定之勢站得很穩。

12/19 —— 以意用腰化尚不活，要以腳來化，這樣範圍大，可化得活化得透。

發勁以向內吸收就是對，不可向前發，要以後坐力出勁。

12/20 —— 尾閭尖先動，與腳跟緊緊相連一氣，即可化發隨心。必以鬆開緊處，以扶住人不讓跌倒之心為要，不是打人。身要讓開彼勁不可頂，順勢而為，心中必在原地操作，不可亂動身形，如此而已。

尾閭尖先動之功在中正胯襠，轉動尾閭尖一點，為轉腰之佳法。所以尾閭尖不但先動，還要轉，仙骨中一點也要轉，處處竅穴骨節均以轉運氣，不是以動來轉也。

　　兩腿躺地眠，尾閭坐地鑽。
　　竅穴處處轉，以轉動身形。
　　輕轉不可動，有轉即成功。
　　氣在身中流，心在以手扶。
　　並非發不發，實乃擠身過。

12/21 —— 以臍呼吸與湧泉相呼應連接，即以臍配合湧泉呼吸，即很穩定著實，如此呼吸能使氣貫全身，

靈活流暢，即很靈活。以氣充足兩腳身始穩，故為變化之重點。另尾閭先動，或轉動調整尾閭，胯檔始正，否則即為亂動。

12/23 ── 比勁到最後，勁都在腳，故腳勁要練。

平時氣散，用時一時聚不出來，有氣而不能用，故平時要以臍呼吸，養氣保氣，用時即可有得用。

12/24 ── 由不動肘再加不動手，則身動手不動。

想要動而未動，如此自然意動，即氣行而勁生。要研究，所謂「打到手上就好了」，我勁動到手，即此意乎！要練手勁充足。

想動而未真動，意身分離。練架時假想在與勁敵激烈纏鬥，不必練推手，亦有進步。呼吸要透，大開大闔，不要枉費功夫。

12/28 ── 打拳心裡不可只想著用平時的動，心裡要以做下縮、趴等等，要求輕柔靈舒綿。

12/29 ── 以尾閭應對，尾閭尖不動，實為要訣，多練。以膝內一點跪來發甚妙，此要在人失機勢時用之

更有效。以腰胯化發對方得機之手，為要訣，使人得機之手及臂成背勢，發之，不可任人以手制我為要訣。人自以為得機之手，實為其極危機處，因其已露形，使其成背勢即放之。

以膝跪發，或以胯向後拉來發，均為有效之發勁。

12/31 —— 打拳中要以要動而未動之意動，即動中求靜，動靜合一。

尾閭尖往下鑽之勁乃發勁之勁，師常言蟾蜍在冬天以尾閭尖轉動下鑽入洞很厲害。用尾閭尖下鑽打拳確是很厲害。

搭手要使對方失勢，我以四兩之勁剋之，要細研讓其失勢，不要只有把人推出之想。要了解其勢之穩與不穩，使其失勢，不用推他自己也要倒。要在整個氣勢，不在肢體，要身如行雲，一朵雲，不是肢體，輕靈至極。

7、太極拳是內家拳，全是內在運作，內在運作要知其法，所以太極拳與一般觀念中的拳術完全不同，所以有經論歌訣，其中說的全是理與法。

8、不用力又何能成拳術？這是一般對於太極拳所產生的疑惑。要知太極拳不用力，由於是求內勁，這是外家拳與內家拳在根本上的區別。外家拳用力，是求外力；太極拳不用力，是用內勁。內勁要後天的學習，是內練之功，要有內練之法。本書筆記，全是內練之法。

1995/1/2 —— 要拉長腿筋，尾閭尖調整時要拉長不夠長之筋，腿筋不但要拉長，更要在腿內上下互拉或扭轉。

人推我，我拉腿筋即可化去，意要深入地下。上身要配合拉腿筋，要幫助腿來拉，兩上臂也可用以幫助拉。拉者，氣在運行也。

調整尾閭尖就是在拉腿筋，兩臂擺著姿勢拉。不要只有上身變動，勁要下沉到兩腿兩腳乃至入地下。

不是在打拳，只是在拉腿筋。腿中拉筋是調整腿勁，腿勁調整，人不易進。

要解除最弱處，即打拳時假想有人攻吾最大缺陷處，使我困難，我則用運轉氣勁化解之。

1/3 —— 湧泉吸地氣呼吸是對的，先通腳部氣，後通腿中氣，而後周身氣。

八卦四陰四陽（在臍之四周）之氣合於臍中一點，注入腰脊，貫入手肘肩腳膝胯，練拳可臻登峰造極。

尾閭領先，心中活動尾閭，為練拳捷徑。單腿、雙腿站立均可，但須尾閭與一足跟緊緊相連。心中儘量保持尾閭尖在原點不移位之意，以產生尾閭的定

力，為穩身之根本。

1/4 —— 調整腰以使勁貫注於腿及胯，使上身鬆靜。
要使勁下注於腿，須以腰調整身體，否則勁不沉，兩
臂同時配合不動，此即有「其根在腳，發於腿，主宰
於腰，形於手指」，發於腿，上身鬆靜，人不能進。

　　曰：瞻之在前，忽焉在後。虛虛實實，真真
假假，無形無象，不散不滯（剛而不滯，柔而不
散）。

1/5 —— 千萬不要想著比某一動作姿勢，必不可鬆
柔，在打姿勢動作時要想著以腰及胯做整體的扭轉，
姿式自成。腰是在上腹之後面，提腿時更要以腰部扭
提之。

　　打拳時不妨想著一直以腰提腿來動，身才柔。

　　如想著去做某一動作，即是動局部，勁散亂，必
生僵，故要想著身體是一整體，以腰胯舒扭全身而
動。

1/6 —— 無招無式一整體，風捲雲湧意輕靈。

　　要懂人之勁而用之，氣要常充於足始可即時反

應，否則要先運勁至足始能發勁，時機上已慢了許多，敵早已變走了。要與敵之氣勢相連，即因雙方氣勢相連，足上又有氣，可即時反應發放，最快速了。

要用借勁一定要聽懂人之勁氣，與之密接相連，彼一有動向即可順其動向發之，故其關鍵在氣勢相連，連好後始可支配，隨其動向而助之推之，使其身不穩而飛跌，其根本是在拿住其勁勢，待機而動也。借的時候必須動身不動手。

1/7 —— 推手在動尾閭尖，故打拳要練動尾閭尖，平常動時可注意到尾閭動得很少，甚至沒動，這樣就失去機勢。所以動尾閭尖是補正這一缺點，始可立於不敗之地。

外側勁快無比，所謂外側勁乃在身體的皮毛，用時上下運，例如後引時對方突後撤，我如攻向前隨發則其間有間隙，不能跟得快。如以外側皮層勁下行隨之，則可即時追上發去，彼來不及化轉。又如吾前按，對方如突然前頂過來，吾以前側之皮層勁上行引之，即可接上其勁。如用腰勁後退則已慢上半拍。

風捲雲湧浩然氣，無招無式整體勁。
尾閭先行腰腳隨，輕扶彼身防其倒。

1/8 —— 身上有不鬆開處，對方就有著力處，所以要放鬆有力處，使空而無物，對方無所著落，而無法進攻，所謂「全身透空」。

上身被迫得已經甚失勢，是發的時機，即用放棄失勢處而以下部前貼或氣下流而發之，則對方無不倒者。如死守失勢處不放，則一定為人放出，要緊的是要上放下發，一貫而行方有效。放走之處要放得乾淨清楚，不要稍留頂觸，效果才大，即「化人不淨，放人不遠」。必須要失機處放開後可以打人才是合法。頂得厲害時，只要放開有力處，即可放人；若拘住不放乃自討苦吃。所以上失下得，左失右得，隨機而用。

再者，搭手時非心想將人推出，如作將人推出之想，則乃庸俗之想，而是要以身處理，即以身感得失，即虛實也。搭手者，學如何讓人也，要刻刻想著以尾閭中正吾身，無招無式，讓而不爭。全身各處之動都在於尾閭尖來帶動，自己不動。

1/9 —— 有氣時身就順。一人練拳，要假想以腰胯與對手互感得失，得失者，得勢與失勢也。假想有人要打倒我，我以腰胯使身，穩定自己。

打太極拳不但在著法，更在重心法，無上心法。

搭手互感得失（以腰胯）。得，有時不能真能得勢，因對方仍有可攻我之機，在於我之過也，我有缺點，使彼可乘機引我發我。失，並非即是敗，有失必有得，有得必有失，我可將勢就勢引之，引其自覺更得勢而進擊，我則變化身形，以更失勢之勢變化身形，避實就虛，有上即有下，有左即有右。我以我之失勢，引彼得中有失，即我最危急之時，即對方最危險之時是也。

搭手時不能心想摸人、推人、迫人，此皆敗手，要心想以身感雙方之得失所在，也就是勢之所在。

一切交與氣，不能使用力。以氣代力，一切以氣處理，則全身又柔又有彈性。遇力不可以力抗，要以氣受，彼被柔勁彈出。要全身都用氣，不用力，妙功始成。要突出用氣，就是要全不用力，有力即以氣代之。平時打拳搭手要訓練運用發揮氣之功能，始能全身通暢，與天地氣交流。初學時要求鬆柔。

一切動作所用之力要移交給氣，氣要代替力。交接之媒介在於呼與吸，此呼吸之氣乃內氣，非空氣。

轉變得失要運轉外側（皮毛）之氣始快速，以腰為軸運轉。

以氣發人或承接敵力，要用臍呼吸，即能氣動。
故動以臍呼吸為氣源，氣遍全身，關節、皮毛，無處
不到。

動即錯，以呼吸代替動，即是以呼吸之氣柔身，
專氣致柔也。

1/11 ——

【歌】

腰變肩不變，四肢勢相連。
胯膝合腰走，尾閭往下鑽。
內外均得中，無處不招式。
妙勁處處生，全在方寸中。

【歌】

胯落腰崩塌，膝扣腿舒眠。
腰肩胸腹張，中氣沉腹海。
處處求自然，舒柔乃為本。
心中空空空，一神在其中。

【又】

腰變肩不變，節節勢相連。

膝胯順腰勢，尾閭向下鑽。
內外刻刻中，無處不招式。
身卸千斤力，綿綿卸不停。
一開又一闔，動若海中濤。
氣在骨中行，開合鼓盪生。

　　卸去千斤力，乃動時所用之意想。無呼吸開合功難長進。一開一合為動之本體。力吸入骨中下卸，更有妙趣。一開一合，一呼一吸，一蓄一發，是假想真的有人攻我，我全以氣應接發放。

　　打拳是綿綿不斷的縮小與承接（以意承接來力）與發放（將承接之勁膨大），即一開一合，一收一放，一呼一吸，各式各樣不同姿式變化中的呼與吸，縮小與膨大。

1/12 —— 動態呼吸為打拳。

　　不要只注意自身內勁變化，要知人，知人之勁運用之，順人之心意捨己從人，不要只順接點，要順彼之勁勢力向，得失明白清楚，剛走柔追莫放鬆。快捷莫如意氣順勢在外皮旋轉，不是直勁前進，至要。欲使人毫髮無損跌出，要以彼身乃吾身，吾在彼身中走

勁，真乃妙極之捨己從人也。遇剛要走，遇鬆即追，不要錯失良機，要能變化相隨無礙，主要在明得失，明得失為起點，知了得失才能相隨，隨勢不隨點，要知人之勁勢勁路。打拳只知亂動，又有何用！

　　一人自練，練知人，人似在眼前。打拳豈可亂動！氣在皮膚轉圈已是動，氣在皮膚轉，即皮層之呼吸，不是以內勁直線推動轉化。

　　內勁在皮層轉動，反應乃可快速，乃因形未變，而勁已由腳而起，勁可整而不亂。

　　捨己從人在力的大小、速度、方向上均要配合依從對手，也就是「沾連粘隨不丟頂」。

1/13──打拳在調整臀部之坐姿，不要亂動。

　　人身之力有硬力與柔力兩種，一般動作都使用硬力，故打拳亂動就生硬力。打拳在發揮柔力，使柔力更柔，增強彈性，要讓平時隱藏之柔力產生動能，即是內勁。平常動時用力之處使其停止出力，柔力就顯出來。

　　在腿部後側為柔力，前側為硬力，臀部為柔力，練跳高跳遠如用柔力，想必是跳得更高更遠，可能就是輕功。

用左右臀部打拳放勁，倒也實在可致用。左右半邊臀部加上轉動，配合呼吸更好。

1/14 ──

【站樁】

胯落腰塌一身輕，頸肩放開氣下流。
細聽腹中丹田氣，四肢八脈無不通。

用半片臀部打拳，成單腿運動。肩不動腰胯動，全在練腰胯變化。拉筋活節向下運動，與腳之氣相連，要以腰胯化人、發人、聽人之虛實剛柔。

1/15 ── 打拳不能想著動招式、想著動，那又要如何打呢？要想著以腰胯調整身體各部分。人的姿勢變化，全身各部一定受到影響而僵硬，所以要用調整。要調整到舒暢、綿綿不斷，細細地研察，以求身體中正安舒，全身一直舒展至手指才是全部。故打拳乃以腰胯調整身體各部，以使順暢，節節貫串，能如此，對手恐很難奈何我了。

所謂調整是求如何放開身體的僵硬部分，以保持全身柔綿。心中既知有此型態（招式之變化），要以

腰胯調整完成之。如刻意自己比招式，則肢體就僵硬，是不能鬆柔的原因。

要以氣柔身，身交給氣，沉於地，心中無所為即可鬆。呼吸也要求氣柔。身不動即無為，調整是在身內變動，要細心鑽研，愈細密愈好。身柔如水，隨招式而變化，乃練捨己從人。

要貼，不能動、不能用力，但要有貼。萬變不離貼，以貼為動力，要輕而有力，進也貼，退也貼，有貼即活，無貼死呆。貼不是用力去貼，而是以心用意，有貼則神活，無貼則神呆。貼用腰中之意貼為主，非用力。貼要綿而不斷，輕而柔綿，附於身形變化之中，非只是全心去貼，隨招勢變化運用之。

立身莫若以腿讓人坐，以得機勢。

1/16 —— 調整變化，要有趴、插、坐、縮、吊、提、落、彎、扭等勁，有時二者配合同時使用。打拳在開發新的動作方式，即平日不會做的種種新的動法，增加各種功能，不是做原已會的動作比外面形式而已。

讓對方勁在我身上滑過，以轉扭方式，使不著我身。身可倒，腳萬不可倒，一切交與腳。

手是有用的，不是沒有用，只是不能按平日之動

而動，要與腰腿配合一致動，方為合法。有時動作以掌領，所以掌不可無意無勁。

打拳是在練習似與高手攻守，應有此意，每一動都是攻守化發，否則打拳就失去意義。

1/17 ── 輕輕扶，急急變，變求輕，權得失，變在腰胯。上身氣流暢，腿中氣不滯。氣要由腳向上連繫，貫通上下，以腳為根。

發不是直進推出，而是用後坐之力發，直進前發為頂出，非高着。

1/18 ── 要變得快，反應得快，莫若轉外圈皮層氣，因這樣已先使出足跟勁，二者配合乃可快迅無比。

要呼吸領導動作，結合動作，主導形變，不可只變動身形而不注意呼吸。呼吸是以意運作內氣作內呼吸。

遇勁敵，以氣鼓盪之功發放。所以平時應練呼吸鼓盪，腹中與腿中及足跟充滿氣，可以足呼吸鼓盪。

拳要用到手來處理時，已是下乘動作，也是學不到太極拳的，一定不要用手，要用腰腿及內在氣勁。

1/19 —— 發時要將全身勁力分布均勻，方不致因用手而生散亂。

呼吸領導打拳，要呼吸深長，大呼大吸。

要動作與呼吸互相配合，以呼吸帶動動作，以動作引動呼吸，相輔相成，二而一，一而二，互為表裡，內外合一。動時呼吸領之，呼吸時動作輔之。呼吸要大與天地氣交合。動作似乎在使用大力，負重千斤，開合鼓盪，一動一靜，周而復始，輕柔舒綿，似浮雲之幻變，如海水之翻騰。動時不忘息，息時不忘動，吸由毛孔入骨，呼由髓充四肢皮毛。假想自己放大則如天地而彌六合，歙則小如微粒而藏於密，全身氣鼓盪開合要均勻，而達於勞宮湧泉，如陣陣波濤。

1/20 —— 腰為軸，軸是在圓的中心。其實軸不一定在腰，有轉就有軸。

活動要大開大合，練習應付大力來襲。要大呼大吸，以練深長，以免臨敵氣喘急。

1/22 —— 站穩才能化開，化開乃為站穩，未站穩之化開，無攻擊力，照被打。不但站穩，而更要佔勢，佔勢神就出，化乃求勢順佔勢。

遇阻遇力，不宜進，宜引而舒之，化而消之，因其必將攻我，我衡其勢而行，不可抗頂，或退或進，衡勢而行。

　　打拳動時身中內勁必要流不可停，如無法使之流時，因勁勢已死，必以鬆身解圍。打拳必要以趴、變、開、落、縮、伸、鑽、轉、扭、鬆、沉……等等為之，以呼吸求中定為本，否則是亂動。動必有圈，圈必有心。

1/24 —— 還是為形式而動，還是在走形式，沒練到根本，要一心練圓轉，轉圓而變，變而轉圓，圓之心在腰脊之一點，以腰脊一點為軸心而轉，在圓轉中討消息，圓轉中求柔化，乃實在。

　　氣以按軸心而轉，乃有規矩。只按形而運，無規矩，是亂轉，要運而成圓，所以練拳乃練氣繞軸而轉圈也。

　　要以單腳站立應敵，要練成。另一腳要能提取，重力交與單腿。

　　像個變形蟲一樣，變化無形。

1/25 —— 先通任督後打拳，就可用手、掌、指呼吸，

所謂氣要到手上，不知是否即是。

動必有圈，圈必有軸，軸乃一點，轉此小點，內勁可細密。

1/26 —— 拳架外形之端正，首先要保持身段之端正，不使變歪。要身段不歪不扭，要使兩胯兩肩保持平正，不能稍動稍變，專心保持之，勿移心至手勢。兩胯端正，尾閭即保持中正，如此打拳已成功一半。

動力要以彎腰、或趴、或開落等出之，不可亂動，動變中力保胯尖端正在一平面上，保持肩胯端正中帶動形變，相互為用。兩腿甚吃力，日後腿勁自高人一等。

動時也可以移動或轉動臀部底。拳架如此打又是一個新的里程碑，先求正，能正以後再求舒，循序漸進。

【第一冊結束】*1994年9月6日~1995年1月26日筆記*

1/27 —— 初學打拳要正，腰脊正為身正之根本，尾閭正為腰脊正之根本，要尾閭正首先要注意兩胯骨要正，換言之，胯骨正尾閭始正，胯骨偏扭尾閭即不正，因此，打拳要力求胯後收，不前凸，不偏左，不偏右，即尾閭中正前收，兩胯端正，面向前，與兩肩成長方形，此為打太極拳身法之基本，要做到此要求甚簡單，即注意使身左右側成直線下垂，似有直線在身側垂直下垂至胯，以規範身段之正。胸前左右兩側亦有一垂直線至胯，以測定身段是否正。因此打拳時不可只想手勢應如何，要專注腰胯正，絲毫不爽，不可稍有偏斜，力求之，調整之，因勢而調，凡想到要動時，即改想到調整兩胯，使中正不偏，不可稍有怠忽，如此則兩腿很吃力，身上筋有拉長之感，即應儘量將筋拉長一段時間後（做時兩胯要正，兩肩要平），腿不再酸，筋亦已拉長，適應此項運動。在此過程中，身體不鬆乃在所難免，但心要向鬆身去想，漸漸走入鬆的境界，如此太極拳的根基已打成。

故初學時要力求注意，身側四垂直線，保持身段端正，同時配合姿形拉長筋，所以亦可認之為一種拉筋之運動，千萬不可只求手勢姿式，而忽略練習之根本所在。筋拉長，正身始可自然舒暢，乃能再求其

他。要做上述功法，要以開襠落胯移動臀部舒伸兩腿為法。

練擊人之勁要心想內勁由腰腿發出，經手或身之其他出擊處透出，直入敵之身內，練時越輕，擊人越厲，不可輕試為要。練時力求輕靈輕鬆，以求提升輕中之勁，練架時隨時練之，但要周身一致和順方有效。（此即所謂鑽勁，入人身內，不可輕試）

動中要以意氣粘住對方，找其弱點。

遇強敵如何應之？切記化中求趴以擊之，或趴中求化以擊之，化中有擊之之意。在用趴發時，全身勁氣須分布均勻，則人不知，易發。如突出某處，則人易知而有備，要引之失勢。

練敗不練勝，練時敗中求勝，九死一生。

死中求生，敗中求敗，不求勝，須知陰極生陽、陽極生陰之理，練敗使人處處落空，使其不能獲勝。

1/28 —— 所謂「**一動無有不動，一靜無有不靜**」，即全身氣勁都一起動，一起靜，則周身一家。現在可透徹地說，動時不但開、落，還要同時扭膝、旋踝，以及腰、脊、胸、背、肩、肘、腕都一起發揮要領動作，其重點在腰胯落、襠開、膝相扣、踝旋轉、腰伸

縮……等等，各關節一起配合運轉之謂。功深以後，則是內在氣勁的整體運動。

氣以「好像」而練，例如打摟膝拗步，弓步出掌，以好像氣由腰腹經臂經掌而出，擊入敵體內，以氣擊出，不用力，久練可得奇功，餘可類推。

先氣足後，再活動打拳，感到把骨提出，以骨打拳，將筋肉與骨分開為二相，有具體感覺。

中為土，要保住中，即將動力集中於中土，人身之中土為腰脊，或仙骨或湧泉，因勢而用，人擊我，我用中土來化，將敵力引開，不使中土被擊到。勁不可散亂，將在肩臂胸背之勁引入中土，集中於中土，使中土穩實靈活。

1/29 —— 出拳掌要全身和順，均勻一致，用氣不用身。

開、落（開檔落胯）也要力求和順，初練先練開落，漸至無有不動，周身一家。

練拳假想之力，不論是來力或己身之應力，必假想為巨大的（不要想是微細之力），以求練廣大動力，同時如此精神方可提起。動時必以胯微微一動，以擴至全身動。

1/30 ——— 動以開落為先，兩手要與兩腿隨合，即開落時兩臂保持完滿姿勢與腿隨合。或手勢要動時，下肢亦隨即配合而動，則可上下相隨，一動無有不動。兩臂一直保持完滿、圓順之勢，使隨時都是完美的拳式，處處無缺陷，隨時停下，隨時都是拳姿。除開落外，要靠兩手之放置得當，動時如兩臂先想動，在將動（意動）未動時，隨即開落隨合，如先想開落，在將開未開時，手臂即時與之一氣相連，隨合一致而動。

1/31 ——「**妙在一氣分陰陽**」，身內氣要分成陰陽，使自身之氣形成一個太極，如此即產生虛實，以虛實應付對手自然能生奧妙，所以妙在一氣分陰陽。

9、何為內勁？如何求得？內勁是不用力之力，只要不用力就生內勁。用力與不用力是心中的作用，心中用力就是用力，就有力的作用；心中不用力就無力可用，是人心理上的作用，只要求鬆柔不用力，就會生內勁。內勁與力一樣可愈練愈大，勁也可愈養愈強。

10、可以說力是肌肉堅硬的力，勁是肌肉柔軟的力，所以是不用力之力，否則何能言鬆柔不用力！何能有內家拳的承傳！

2/1 ── 氣動下部要強於上部，不能下輕上重，所以腳中氣應動得最大，上邊虛無，要在腳底動，所謂上虛下實，上輕下重，要多練以求強化，加強腳之功勁。

2/2 ── 自動就是亂動，就不對，要實踐規矩。如果動時，意想在尾閭尖後側，有一圓面而轉，有時轉尾閭下尖圓面，其他關要處加入配合旋轉，自覺如果轉得純熟，人很難進擊。以尾閭後側圓面帶動全身各處轉，圓面大如乒乓球或網球。

打拳不是亂打，總要有練的法則，比如在動中求鬆肩、鬆胸、鬆背……，使得很鬆很開。

保持兩胯端正，以轉尾閭圓面配合轉周身圓面，乃可保持兩胯端正。

2/6 ── 打拳時以深長內呼吸以練氣，使之開合。吸時氣由上下四方進入毛孔達於骨內，呼時氣充溢毛孔，達於湧泉、百會、勞宮諸穴，充塞骨內及全身筋脈。呼吸時要收住臍，使氣有根，一進一出，開合不已。

2/8 —— 內氣充沛時，呼吸不要用鼻，用尾閭或湧泉，即用下盤，不用口鼻。或用皮毛，或用身。

腰以下與腰以上分成兩上下，腰以下搬也搬不動，腰以上柔而無力，上下全鬆開。

2/9 —— 搬不動的意思是腰以下與地連為一體，極柔軟，上體一切力都貫向下。是用柔軟，而非用力。

先開落動腿時，兩臂隨即下交與腿，使成一體而動，以上隨下，如先想動臂，開落隨即接上，使腿與臂接合一體而動，以下隨上。

搬不動，身上要有一部分使不能搬動，其餘部分愈柔愈好。

打拳在以意勁下坐之狀態下動作，即先坐好了再動，人雖是站立著，但要有下坐之意勁。

2/10 —— 真正使用在運氣，搭手時感到全以氣之變化對應，氣無法變化時即要用力了，所以要練運氣養氣。練時應假想與強敵搭手，被迫在最困難危緊之狀，求化而擊之。

每被迫至後來，勁力均已沉至腳，故要增強腳勁，多練之。

2/11 —— 氣斂入骨，前臂感氣充，即予斂入骨節內，使臂柔和，全身各處於氣充時，同樣予以斂入骨節。

　　要化時要迅即把身體分為兩部分，一定要分開，一部分是與地相接，搬也搬不動；另一部分即可順化，柔綿順化，使對手處處落空。不可上下不分陰陽，若不分陰陽擊我上部，下部也連在一起，即會被擊到。如分陰陽，擊上部上部可柔化，下部不受牽連，可穩立不倒，所以要分虛實陰陽。如予分開化時好得多了，這樣擊了上，擊不到下；擊了左，擊不到右。

2/13 —— 打拳架一定要有無人若有人之想，不但化，而且要粘人，每種動作都有不同情境，不同含意，所以打拳時思想是否用得對十分重要，如果思想注意在形式之變化，則就落空。思想要注意在與人粘化，而且是強敵，以心順應變化才對。

　　手臂至肩已很柔，更要柔至脊骨，使兩臂與脊成三條柔線。臂根在肩，脊根在胯，使脊在胯上成一柔線，則必須尾閭中正頂頭懸，虛領頂勁、氣沉丹田、立如平準、正身垂脊。

　　動時鬆開雙肩胯，使脊向後露出（拔背），以便

柔之，使四肢與脊柔成一體，成五條柔線。

2/14 —— 柔脊才能真正鬆開，柔脊要柔腰椎，而至兩腿皆鬆。

臂輕身要更鬆，以一腿為支柱，身與另一腿躺在那個腿上，一切動作用支柱之腿發動，另以一腿與身體（脊椎）連成一柔韌之柔鞭，以練柔脊柔胯柔腿。

柔身果然要練，但練時無意氣乃柔而不堅，只能逃而無法制人。

「全身意在精神，不在氣，在氣則滯。」因如想用氣擊人，則力隨之而生，故不能著意使氣，要意在精神，意在精神則氣隨之而生，以生輕中之力，即勁。

2/15 —— 打拳不要只想著動姿式，要在動之前先想要練何要領，打拳自另有內容，進步快速。姿式怎可能是太極拳！不要枉費工夫！

先動尾閭固好，但未注意開落仍有欠缺，要以開落為主來動作，尾閭自隨著動，故開落在打拳中不可少，旋動時以扭臀行之，進退以開落輕輕呼吸以柔身。練拳有種種方式，並非只有一種方式，能身鬆的

就是對，就有功。

一直練勁力沉入腳底，在任何動作中均要有此。

要主宰於足踝，百會副之，一切下交與踝，非主宰於腰，這樣功夫又高了一層。

要著力於骨，不可在筋，在筋則有力，身即僵硬，要歛入骨內，隱於內。

手絕對不出力，不作擊，不主動，此乃「三不」，否則就給對手知道，其自有應對之方，故要不令人知。其所以不用手，由於是用內勁。

如與人搭，被對方之勁力壓迫，則可以不接招之心理化去其力，而擊其虛處。出擊之處要全空，乃可不令人知，即要用以上之「三不」，並要「不接招」、「衡得失」、「不退讓」，均為很有效之心法，與人粘住不放。所以有此要求，由於是用內勁，非用身。

2/16 —— 因脊椎要直，所以必須用趴形。（站立時作好像向地下趴似的，以便尾閭前收）

臀部對拳之重要性，臀是胯的後部，臀動全身都動。化時不能只化肩部，要全體一起化，動臀就可全部一起化，臀動帶動腰動，所以所謂腰動，要先臀

動，否則只動腰不動臀，下腿不一起動，下盤動不大、不活。所以動要動臀，動臀可開落，臀配合尾閭、配合腰來一起運轉。

氣由足底回流身體有益，所以動時亦要扭踝、磨腳底。

一動無有不動，化時不能化局部，要全部配合一起化，否則未化部分最後還是被捉。打拳時以臀部調配全身運轉，手用向內縮之勁。

2/17 —— 由腳跟將全身勁拉下、拉住，就上身柔絆不倒。拉時將勁向跟貫，腳跟力就堅強，全身柔如柳條，人身倒腳跟仍連地。

平時走架用隨意動動的方式，即感很順暢，但在轉動至後半段，就有不得機勢處，蓋因到後半時檔開得小，不能適應，故到後半時要練檔開得愈大，腿伸得愈長，此不在外形而在內意，後半段為未「開發」處，要練之開發之（可用向下鬆至踵）。外形動多少，內氣要相對動多少，不可動外形而不動內氣，要內外相合，一致運行，內氣動得快速，動得比外形多愈佳。

招式在後半段不得機勢，原因雖在檔腿，若到達

後半不得機處時，即以初動想之自可順隨，故走架中一路都是初動之想。

前言柔脊固需要，但更要以上身柔腿，以兩脇柔之，如能柔順，即可產生腰腿之自然彈力。

練時將力不斷貫入腳內，乃至地下，以將腳內之毒素揉之清除出腳內，從腳內清除出，以除病。

所謂「初動」，乃另一個隨意動動之開始，故一路都是隨意伸伸屈屈，故云「**屈伸開合聽自由**」。

後半段（一個隨意動動之後半）不順之另一原因，乃在動時未將意想到底，即只想動前段，未貫串到後段。

「練敗不練勝」的另一意義是，己在將敗之際作出的應對，乃挖掘更高功勁之佳方，即在走架中不時想著自己受壓力將敗，此乃將功勁發揮到自己功勁之極處，故可增長挖掘更深一層之功勁。

己之將敗，乃遇強敵，故可以敗勁增高功勁以克服頑敵，此要在對打拳有高度涵養時練之，否則必以硬力推拉，而非以功勁相粘。

假想「將敗」乃很好之心法，以迫出自己之功勁。如果說，以上身鬆下身，下身以柔弱無力將倒下之意，則兩腿甚酸，此乃發揮鬆柔之勁，輕中之力，久

練至不再酸時，柔勁已成。

2/18 —— 勞宮與湧泉之氣相通乃對，全身氣連成一氣，使周身氣處處相連，以腰來調通，但要身形正才能通連。故只要氣能通連，身形一定正。打拳乃通連周身之氣，不是動，要以身形正來通連氣，由勞宮至湧泉乃至百會，通連運行。

提腿用勁非腿自動，用脊背勁身始穩。要兩腿輕靈，毫不用力，用拔背、涵胸弓腰、頂頭懸等勁提之。用頂頭懸提身最穩，所提者乃提胯，非腿，如提右腿則先提右胯，即所謂提腿先提胯。

將周身氣下貫入足固很好，更要以脊把足提上來，有提也提不上之意，以穩住上身。提不上來乃因足為地氣所吸住之想。

一般發勁時用腰腿勁，但用時其力必形之肩臂。要如何始可不至肩臂，全在於心中的運用，用腰胯後坐之力發，即可不用手。不要向前衝。

發時往往先有平時之發意，而使周身力出，太極拳的發，是用功法來發，故不可有平時之所謂發人之意。

2/19 —— 氣還是應由腳底轉過，並由地吸入。遇強大蠻力者，全靠腳底之力，不但腳底有力，力更要會變，方有成效。要克服蠻力，必運用虛實方可。

氣要流動，不可鼓，流動為化為活，鼓為頂為死。流動要以腳為根，全身均勻。故「**遍體氣流行，一定繼續不能停**」、「**氣遍身軀不少滯**」。

氣在身中走要柔，要以氣柔身，能柔最重要，能柔變化乃大，乃能變化虛實。

以腳吸地氣，頂懸承天氣柔身。氣在體內上下運行轉化，以柔身為宗旨。

化時動時均以旋扭為佳，旋扭乃能柔，旋在柔中生，沒有柔就沒有旋。

2/20 —— 今日初練時周身的鬆柔無法做得順意，後以腳底吸地氣，身中無物，即是無自動處，則周身全柔。加以柔與頂懸相互為用，則鬆柔變化如意。如若不想以氣柔身，而改為柔骨，使骨變化以代氣，則感覺不同。骨要移動變化，以代氣。非真骨動，乃心中的意念所產生的氣勁在變化。

發時力得之於天地，非出自己身。力上由頂入，下自足進，而充滿全身體內，力借自天地，全是意。

接手得手後，隨即為其化脫，乃因只用手臂之意勁，故接手處之勁要由腰胯供給，手上接觸僅留輕靈之神，與腰胯勁氣貫通一氣，上下合作粘之。不能有上無下，或有下無上，上下貫串一氣粘之，下以腰胯勁或足勁助而粘之，因用下盤腰胯，變化多，可應對其變化，若只意在用手接觸而無腰胯，則變化僅在手上，而變化不多不活，易失勢。早時練習，一接手，意僅在手臂，與身不連，要全身上下一貫之勁，手臂只是接觸感覺而已。

要兩肩掛於頂，身乃正，此時脊椎要直，姿勢乃正確實用。

2/21 —— 要有粘住對手之意，不即不離、不丟不頂，覓隙鑽之，找其缺點，自身求柔。

以沾粘壓迫對手，以柔為用。

要處處轉動求輕柔，不可一轉一扭即身僵。

沾要連，粘要隨，處處找人缺失處。

輕靈之中無沾粘，怎可制敵佔先機？要沾粘非用氣勁莫屬，內勁乃出。

每一化都要預留廣大後續空間，以備下一化之用，不可一化即死。雖一小化，也要預留續化之大空間，

則靈活莫測。每一粘同樣要留要求續進之大空間，不可一進即死。有續進大空間靈活無邊，每一動均要求續動之大空間，不可自閉於窄地。

蠕動脊椎骨並要頂懸才身柔，身要純柔必須將身交與頂、交與脊。

2/22 —— 在每一動中，膝也要靈活配合動轉，活動方能靈活，如只動轉腰胯，心中無膝，則呆滯不靈。

動轉以腰胯外側為動力，則尾閭中正，身體鬆柔，下面以腳扎跟。一般搭手都想用手推到對方實處，但要練不要碰其實，人來時不讓其碰到，我去時要以觸而不碰之心，不令彼知，但仍要聽其動靜，衡得失背順。但無論如何，維持中定為第一，有中定才能表現出力與勢，有中定才能擴大化轉空間。

2/23 —— 打拳要練沾粘，沾要連，粘要隨，退用沾，進用粘，在鬆柔後始能沾粘。將自己比做沾粘體，沾粘對方，控制對方。

進時不可以由後腿送出之意進，要以後腿鬆沉之力進，即要有以腰腿承接來力之意，進退都要有承接來力之意。

2/24 ── 掤乃承接、承受，勁不向外出，引至腳底功始成，如彈簧般將人彈出，其他勁中仍含掤勁，再加某方向之出勁，全是意。

弓步後退時以尾閭下坐並塌腰開胯，回勢就很自然有根。前進時以塌腰開檔落胯、旋踝即可。

以兩胯崩及全身崩行呼吸來打拳，即呼或吸都要用身崩塌之意始能呼吸，不崩塌則呼吸做不好。搭手互相用呼吸輕靈不丟頂，則趣味生。如互用蠻力相抗則乃自討苦吃。如遇蠻力者，仍以柔綿呼吸應之，使其無著力處，但重要者乃在後化之中審度其機勢，乘虛而擊之，勝與敗乃在於化中能否覓得其虛處，繼而克之，故「化中之引」十分重要，在以呼吸柔綿之化中，如無法識得其虛處缺陷處及吾能攻擊之處，即不克獲勝。如能識透其立身之力架型態，則擊之甚易。擊之非用手，要用趴抱不動手或塌腰開胯擊之，不能動手，手只粘扶之，不可屈。蠻力來時首先以柔綿呼吸化之，使其不得勢，讓其失勢，我尋覓其可擊處。所以柔綿呼吸化引要常常練之。

在變換時動時一定要加以鬆塌腰胯，才能行呼與吸，一動一用到力時即行崩塌兩胯，才能做好呼吸。雖自己一人在打拳，但仍要在呼吸中有審視對手來力

虛實之意。

　　呼吸之力全來自兩胯崩塌，故不論呼或吸必先有崩塌之意，簡言之，呼吸實崩塌，崩塌才是呼吸，所以要做崩塌，不要做呼吸。有崩塌自然就有呼吸，有呼吸無崩塌呼吸不成。由胯崩塌直到湧泉，上到脊椎百會。就是鬆身才能有呼吸。

2/25 —— 鬆開頂接處脫離其力，站穩己身，貼向對方，不要急動，要沉著柔綿，慢動勿急，頂出其力，引至我順時發之。

　　與來力頂時，鬆柔我身硬力處，哪裡硬鬆哪裡，連續鬆開，不可硬頂硬抗，要找尋我身硬處鬆之，鬆開硬處即已是發，因我已脫離其頂，可站穩自己貼向對方，或鬆離後用鼓盪來發。

　　在兩人相頂之時，一般總是因為怕倒退，不肯鬆開己身之出力處，其實出力處一鬆開，對方就會落空，如加以貼之意，就可將對方發出，所以在頂抗時要注意己身之硬力處，不要僅注意對方之力，雙方之硬力都要弄清楚，弄清楚後才能處理。

2/26 —— 兩肩不平有高低，乃因臀部不平，所以臀部

要平，平乃能尾閭中正。

2/27 —— 人站立，有人推我時以腰腿胯足等靈活轉動化開，使人不著力，使其落空，人若太過，我使之傾跌。化時足跟著地不放開，與地接緊生根。化不尚力，而尚靈活，氣由足底轉上來，每一動都要氣由足轉過，人用力加於我時，我用意力以足拔地來化，此時要以氣轉過足跟並懸頂、站穩自己。全賴足力拔地來化，身各處不要動，不要以身各處之轉動而化，使人著不到力。

2/28 —— 運動有二，一為身向下縮（氣上提），一為腿向下插（氣下插），遇大壓力無以後退時，以身向下縮而化之，有時依形勢以腿向下插而化之，下插為前攻，下縮為後攦，均有扭轉旋動在內。下縮時最好帶有後攦，用下插時亦可後引，讓其落空，力均在腳不可忘，全身求柔。練架時不是插就是縮不離旋，所以要有插縮，不是僅動動而已，此全是運作內勁。
　　插縮時要使足之勁不離地。

3/5 —— 推手要讓人舒服，不要使他不舒服，我以很

11、試將一手舉起，心中用力，手自不會下落；若心中不用力，手還是不會下落，這是由於有舉起的意的存在。如果連意也沒有了，手就立即下落，可見心中不用力還是有力的，是意的作用，這是勁。所以諺有「愈不用力力愈大，愈輕力愈強」之言，這也就是所謂的「用意不用力」，勁是用意不用力的力。

12、試打拳套式中任一招式，心中求用力固然可動，若心中不用力，但還是會動，這是因為有意的作用在。在動中，手上甚至腳上就會有麻麻的或脹的感覺，這是氣感，可見不用力就會有不同作用，因為意的存在。氣可愈練愈足，若心中一有用力之想，氣感立即消失，故拳經有「有力則無氣，有氣則無力，無力則純剛」之言。

輕柔讓其舒服。要不接招，僵頂時鬆開僵頂處即生發勁，藏（胯縫向後拉）對於化是根本。

3/6 —— 功力增長在增加沾粘勁，即在身內運行勁氣交錯流行，似在受壓力中運行，身之運動全在訓練沉、墜、扭、拔、開、落等等，心不要在走架，要在練功。心在走架一定鬆不開，是不能鬆柔的根本原因。

3/7 —— 打拳乃練化，化中要求佔勢求粘貼，要有假想敵，動必有圈，有圈始活，打拳即在與人搭手。

發以承接彼力為法，用腰胯承接，發勁者以腰胯承接彼力也。

3/8 —— 拳架中有些式子常易動手，在無意識中先想動手，此時要注意交給胯去動，進退時總是要用胯要來動，動時留心帶動手。

凡動時總是腳勁會上浮，尤其在前進時，到後來腳跟就浮起，身就不穩，一般人都是如此。前已述過，動時將勁向下盤運，此很重要。走架或推手時在變動中均要注意補足足中之氣，使不因浮起而空虛，

致使根不穩，要注意綿綿補足，使足勁不減，十分充足。

進迫人已至極點時，如再想要進迫，則自己根要浮動，那時應即改變以足站穩自身之意，始能攻守兼顧，即用求中定之心進迫。如對手仍能化去我勁，對手乃高手，更應保持中定。反之，對手進迫我，為我化去，使其根浮起。

全身都下交與腳和地，動時非動乃是求柔身（柔身都來不及還要動？！），以柔代動，只意想脊椎稍有力，由頂懸著，練柔非練動，動即有力、即敗，柔全勝。

求人體柔軟的動作莫過於伸懶腰，故以伸懶腰方式代動，身最柔軟。

3/9 —— 如果進，則一定會根浮起，故嚴禁直進。進時要以坐使勁由腳反射出來進，或以站穩己身之方式前進，最好以準備作下一動之方式進則可動作不斷。化時亦都是以準備下一化之方式化，所以一般以單純的前進、進迫方式，根就會浮，授隙於人。

被猝然之力按來，迅即不要上部要下部。

沒有什麼一般想像中之發，此所謂想推人也。若

以化而承接之方式即為有效之發。

　　身上要有上下一貫之柔勁，非有上下一貫之抗勁，所謂一貫乃連貫上下全體。柔勁乃妙勁，抗勁即拙勁，柔化中承接為彈性，柔勁乃可化之勁，抗勁乃挨打之勁，化由足底先柔乃快速。

3/10 ── 勤練柔身運動，平時人以力擊我，我以力還擊之想，要改為人以力擊我，我以柔身承接，所以我們要勤練柔身，柔身術愈高，功力愈高。

　　想要用力來對應之時，即刻改以柔身為對應之法。

3/11 ── 柔身莫若柔脊，柔身先柔脊，柔身用頂及足來柔。

　　要以硬抗時改以柔對應，要以硬進時改以柔沉代硬進，但仍要沾粘。一改以柔承接，即發。

　　挪，挪是移動身體，挪移身體，上身不動才是挪，雙手拿住人不動，移動下身就是挪。

3/12 ── 處置其原發點，即人前進攻吾，吾後退化其勢，但在化中轉身，以心攻擊其擊我之原點，即可攻其背後，背後受到壓力，故稱攻其原點，即攻其攻我

之原點。

練架不忘練氣，練架乃練氣，練氣要輕柔虛實變化走圓，不練氣功不長，真可惜。

練氣要使氣在全身各處均勻並運行，在形變中將氣充實各處，注意到百會湧泉氣即來自天地，充實各竅穴。

氣要沾粘，以氣柔身。

動時以準備要動之心起動，可保持多項要領，故是甚佳之要訣。

3/13 —— 趴實很有用，還有抱，不可忘卻。衡得失、不退讓、不接招、不要碰到人身上都是上好心法。還有起動勁，一路都是起動，即準備要動，不可進入動之心態。要精研虛實應用，與人頂到總是自己不對，沒練好，未真做到太極。

如用趴則動能在腳更佳，故在發時用趴抱，不要碰到人身之心。

沾連粘隨不丟頂，在退走時以沾連之心將人沾過來，故要連，收人之勁蓄之。進貼時要粘隨不脫離，尾隨制之、吸之、蓄之，故是不丟頂。平時一人用來練意，進境無窮，練架時也要練習。騰挪要騰挪腰

胯，進是趴坐，退是坐趴。

臂承萬斤石，頭壓千斤鼎。
泰山連根拔，浩海使翻身。
風吹草木舞，靈氣皆來歸。
力由天地借，氣從意中生。

練架時有兩肩高低偏斜，身形不正，乃周身勁偏斜不正，故要上下垂直用勁，不可有前進後退等橫向之意，以垂直用勁，身形端正莊嚴是為至要。

動時加強端正身形與脊椎，不要亂動，如專心用趴，動也不會亂。

3/14 —— 趴坐弓抱是為藏（胯縫向後拉），故一藏含有趴坐弓抱之勢，乃知藏之實用。

請之坐，乃可乘而發之。請其坐事實上乃在接承其身，以便發之。發時以意貫腰氣下行來發。

肩背（肩胛骨處）之氣太鼓，要鬆之柔之。柔之方法，乃更年期（由上而下數第五節脊骨）以上至頸椎，要注意鬆開之，肩背要下沉。

運氣流動可柔身穩身，於將倒或僵硬時運氣在身中流動，可柔化己身而能穩定己身站穩。以中定立身

時，氣仍要流行不輟，故「遍體氣流行，一定繼續不能停」、「氣遍身軀勿少滯」，和合氣交流。

3/15 —— 趴藏騰挪正身不可無，尾閭雖不動，但意動廣無邊。要蠕動頸脊（大椎上下處）。將身分成足與身二部，即身似柳絲足盤石。

周身僵硬者因無柔舒，功夫不細，欲發之贈歌如下：

心靜神寧待彼動，一動陰陽為我用。

輕扶彼身不可碰，只動尾閭不動身。

任彼貪心來襲吾，抽胯坐身閃彼進。

一旦得機又得勢，開檔坐胯吸彼回。

兩人相接時，自覺可推人之勢時，不可推之，因彼有備，若推謂之雙重，雙方均為實勁，推之頂之必為鬥力，應變化吾之實為虛，讓其落空無依恃，同時變吾之虛處為實，從其虛處覓其實處而擊之，並要不動手，但此要一氣而成。

足與身分為兩部乃為必要，要「身似柳絲足盤石」，足要有勁力，身要柔。

兩勁對頂，可以腰氣下貫發之。

假想自己之腿輕比浮雲，已經浮飄在身之兩側空中，如是則腿極柔，兩胯輕似鶴翅，脊為鶴頸，腰胯極鬆為鶴身，輕翅飛翔。

在走架中如以仙骨腰椎為鶴背，胸腹為鶴身，兩胯為翅，兩腿漂浮如輕雲，假想一仙鶴在雲中輕翅飛翔，比擬鶴翔，不可自動。

3/16 —— 胸腹擴大，氣即充沛，胸腹氣互動，故舒胸下腹氣順暢，可大呼大吸，運動內氣。

與人搭手之始如何用意，即如何對待之心態，要養成更進一步之狀態，此乃指用意之方式。譬如說用鼓勁，還是鬆化，還是用身似柳絲足盤石。

總是要用意將身分為二個部分，一虛一實，其大小形狀可不拘，總是變化莫測。平常常是足與身分成二部分。一切變化都交與腳去做，一切乾坤在足下，故稱「足下運乾坤」。對應一切變化身上不做，一有就交與足去做。足下運得之成效要運之於身，使上下相連為一氣，始可對應來力，即身上之應對力（乃意力），乃來之於足下之乾坤，由足下供應沾粘之勁，以制來勢。一切身之氣勢在吾足下，來自足下，非在於身上，足下勢滔滔。

全體虛無空，足下勢滔滔。

身氣旋不停，筋骨處處鬆。

足下乾坤勢滔滔，周身虛空不對待。

天氣充足旋又轉，骨脈髓筋處處空。

　　腹之開合要寬宏廣大，乃能全身靈活。腹合時（吸）氣歸於腹；開時（呼）氣貫四肢。腹之開合要配合腰脊旋扭，使氣繞於肌膚，貫通骨髓。

　　打太極拳練的是：呼吸開合，虛實變換，剛柔有節，方圓互寓，中定有根，圓旋輕靈，吸蓄呼發，神氣鼓盪，積柔成剛……，不是做外形。

　　太極拳練的是道，即一陰一陽，由陰陽而生虛實開合，虛實開合中又包含吸呼收放，神氣鼓盪，剛柔相濟，圓旋坐扭，中定輕靈，方圓相寓，求柔生剛，綿舒和順，虛實變換，吸蓄呼發，內外圓旋。

　　事實上練太極拳是練一收一放，一鬆一緊，一開一合，就完成一太極運動，此全是指運作周身意氣，非肢體動作。

3/17 ──「**舒胸下腹腹下檔**」有助氣沉丹田，再加「**收胯坐臀尾接踵**」，則氣更下沉於踵。

「身似柳絲足盤石」，再加以足抽腿內絲向下流，放開上身，此可鬆化來勁之壓力。要想腿中之勁向下抽，不要想上身，乃可腳身分離，以腳力下抽腿中之絲。這全在於心中的意。

　　全心專神運行內氣，泯動身之意，凡有動靜，即以運氣代之，使動在運氣轉換中消於無有。故只有運氣泯動意，全心專神運轉氣，只有運氣之意，泯要動之意，身中全為輕靈虛靜。

　　凡一動已完，下動開始，必生動意，此動意改為運氣流轉。

　　運運氣就可以，動什麼！一要用力時，即運轉內氣以泯之。

3/18── 立身以肘合胯乃可鬆，肩臂一起下合於胯，就上身鬆淨。若以「頭頂千斤石」之想，則肩臂合胯即有了。故打拳或發勁如以以下詩之想，就可練得很好：

　　頭頂千斤石，擠身鑽隙過。

　　脊脫兩胯崩，踝塌意生根。

　　行拳忌有行拳想，調身調息心中意。

　　不動不移靜中行，悟徹內奧見真機。

一般來說，人動時總是動上身，所以動肩手。打太極拳要相反，要先動下身，即是動腰腿。

　　打拳忌有行拳意，無招無式聽自由。

　　剛柔相寓沾粘體，能方能圓變無窮。

　　陰陽虛實拳中妙，莫動莫移靜中求。

　　若問大功究為何？神氣鼓盪一言盡。

　　以下動上，調身調息，氣流周身，乃行拳動靜之根本。調息中有調身，調身中有調息（氣充周身之運作），如此構成動靜、陰陽、開合、蓄發、收放等虛實變化。

　　化一定要將身分為二部分，一部分要，一部分不要，即一部分鬆，一部分緊，即分虛與實二部，此即陰陽，所謂「一氣分陰陽」，能如此分，才能化得靈。要分得清楚，所謂「虛實宜分清楚」，不管是分成上下左右、斜分正分、筋骨分、內外分、大小分，都要分清楚。

_3/19_── 要以足御身，調息調身足御身，真功在於練全身，要學沾粘。沾粘之勁真功力，周身全體是一流轉之沾粘體。

腿力不足不活，要練站，氣充於足與地及腰胯流轉，使之發熱。在彼進退之際，以兩腳向地下鑽之意，即運氣下鑽，可以發人。

與人搭手較勁，如對方攻來，我變動身位應對，仍要以勁運身不斷，一面變位，一面仍要以運勁變動，不可稍斷。此在練架時就要如此練。心中練運勁不可怠忽，以勁粘之制之，不可放鬆。使勁時勁全在兩腿，此時全靠腿勁。

兩人搭手相粘，只意在用手制人為失勢，要雖在手，但主體在以內勁搶勢，使人不敢越雷池一步，來則擒之。

相搭在手，制人用腰胯，調身調息沾粘之。

調身是要使筋骨形變，調息主在走內在氣勁，身形內勁要互相接合，沾粘要柔綿。調身調息搶脊中正（中定）。

雖極輕虛，但有浩大之粘力在骨中運行，此乃輕中之力，即是內勁。

息領身為化為蓄，身領息為發為粘。

不練發勁一場空。

調身調息練蓄發。

調身調息全在胯腿。

調身調息快又大。

3/20 —— 所謂調身就是旋腰腿扭胯踝，調變周身內外。一定要改變思想，打拳之運動在調身、調息、調心，調息者，乃是內氣在身內，形成開合蓄發。調心最為重要，是由狠衝猛鬥之心，轉為虛讓不爭之心。

在打拳中不妨運氣由臂掌等流動發出，不是用力，是在意想。

搭手妙在引，化時要全心以引搶勢，在引化中即已注意擊其何處。人勇猛襲來，我以橫引為主，並意想擊其背後，不擊其前面。

引其實，擊其虛。

試練混元無極樁時，一想命門被針一刺則氣即發動。然後想到氣遍周身各處，在各處流轉活動。再想到氣在後丹田內轉動，與身內各處氣呼應轉動，同時想到我分肉體與精神二方面，意偏向於精神方面，漸使忘卻肉體之我。再想著我雖身體輕鬆，但氣勁浩大無邊，可動搖天地。

搭手後不可越迫越緊，趨於頂抗，應該鬆而求中正搶勢，以鬆求中正為用。

3/21 ——

舒胸下腹腹下檔，尾低於臀臀下地。

足收地氣流不停，頂承天靈綿綿來。

【站樁】一
神清氣沉任自然，中正安舒身自穩。
周身骨肉非吾有，何苦偏偏不肯丟。
意氣心神是真吾，陰陽變化妙無窮。
筋骨鬆散足生根，心地平和得長春。
腰胯運腿尾接踵，兩膝無力腿空鬆。
腿中無力怎立身？全靠心意來支撐。

3/22 —— 以運氣變動內勁為主，在身內變動，氣行快速。不要再偏重於形體姿勢，要以調身以形變，調息以運勁，調心以養性。

運勁主要在腿內行走，上下變化，在腿內行氣時要以膝中一點為中軸點，使勁上下有著力點。氣在身中行走都要有著力的中軸點，使氣有所依附。調身時也要以膝為中軸點，同時腿要向下鑽，或向脊或胯提縮，以練內勁。

以膝為中軸，打拳動起來就很自然端正，比以踵為跟（軸點）來得穩實。要將人向左或右提取或擺回，以挪褲上來之意即可，即感胯中有氣上升，則全

以胯勁不動手了。左右反覆習之，即用由腰胯將褲挪上，勿使下落之意，打拳轉動均可用此意。

　　從膝為中軸點，及氣在腿內上下流動，推想到打拳者非外形之變化，乃練身內勁的虛實之變化。在被迫到時，內勁虛實之變化，乃變換內勁的中軸點。主要在變中求中正，中正即得機勢，所以雖有外形之變動，實乃內勁中軸點的互變，勁氣隨勢流行轉動，使由背轉順，或由順而制人、發人，此要在只要骨不要筋之狀態下行之，更能體現出來。

　　如與人相對較勁，用臂相接不但要令其難進退，更要在其一旦進入吾陣時，吾可用上法變轉虛實搶中定，引之擒之。所有軸點均在骨節處，以骨節為定點（軸點）、著力點，運轉流動勁氣。

　　只化只變尚無用，主要在變化中引其失控，不敢進入我之陣勢中。陣勢在我身內，以骨節意氣組成。骨節為軸點時，有時是放大放開，有時為定點，此二者之間就有虛實變化。打拳時全身多處骨節一同變，五心均參與（五心乃掌心、足心、頂心），外有形變，內有陣變。陣由骨節及勁氣組成，骨節如樁，勁猶如連接樁之繩帶，不過是流動的。形變時各個樁變換即陣變也，可以先變陣，形隨之變，五心均著到

力，如網之維似的，樁在內裡轉變。

　　此要在用骨不用筋之狀態下進行，內氣充沛時可以某節與某節配合而動，有時多節，因勢而用，動時事實上全身各節都要參與。此對未有氣勁者自難理解，待有氣勁，自可了然。

3/23 ── 二人搭手為君而動非自動（即捨己從人），身要丟，神要提，心中要快要認真。我的心意不讓，專心一意隨他而動。運勁流動要定軸點，定軸點要鬆開身才有，不是用力。專心一意找發點，發時用氣由腰向下經尾閭，直下足入地來發。動來動去搶個勢。心中要用大動快轉，不可僅用微微動之心，要準備迎接快速襲來，發揮我之靈敏度。一心想到背中求順，不能動，不能轉，只有變，變乃變內裡之陣，即軸的變換，軸是氣運轉的著力之點。先求運氣，再求有軸，如先定軸，氣流不順。

　　不要身軀，乃為提神，乃為全身空鬆，無形無象。

　　呼吸要用骨來呼吸，不用身，乃可周身空鬆。

　　要提高功力就要假想彼已入吾內圈，即已靠近吾身，近身粘纏，非用鬥牛，而是要用衡得失，不接招，不可頂，只輕輕扶，急急應……等等應之，究明

生剋應之。這是在練架時的假想，假想才是真正的練，全是神意氣。

只能接回來，不能只退回，即不要只想後退，要想到是在接，接好即可發。接到吾的發勢上來發，例如接到胯上以挪褲腰之勁發之，未接好不要發，以求中定搶勢來接。

沾粘勁要強過人則勝，要練沾粘勁，要勁在骨中走，要用骨呼吸，即是在骨中走勁，坐臥行住均可使之上下走，或假想與人沾粘，切忌鼓氣鼓勁。只想到意氣神動（無形），不用身動（有形），要以好像用力來運轉，則勁不外露。若用一般運勁，則勁在筋肉肌膚，為人所知，用好像為之乃真內勁，人不知，因肌肉不出力、不緊張，作似以骨來呼吸，全要用神行，不用肌肉。

人若用力壓來，仍要用好像用力之意因應，則勁在骨，不在筋，人不知。

既是踝一轉扭就可攻入人虛處，若人攻來時，也可以用一旋踝攻入，我則順其勢借其勁化之、發之。

今天的重要心得是（1）好像，（2）要多想骨、用骨。

3/24 ── 在膝用意力，則周身氣以膝為軸，就可上下運轉，甚有用，可使足有根，同時氣可上通脊，柔和胸腹之氣。

一打拳就先要挪褲腰，以提出腰胯勁，要做此想，踵要鬆。

細想與人對勁，不是力也不是氣，而是神的專注、提起。神若一鬆，勁即鬆散，人即可攻來。

3/25 ── 既是不用力，就無力與人相抗，自當力求得機得勢使用內勁。欲要得機得勢，必要先搶機搶勢，運用趴藏挪承及認真搶。拳架走動要在變動中充足全身各處之氣，有缺少處即補充之。

要精神專注，要認真，要專注人之動靜，相機應之。要心覓秋毫，神迅如電，如此用神才有著落，彼一動我即可處理之，發彼於不知不覺之間，使其不敢輕舉妄動。

要練自己在失勢中求順，此為練架之目的，背勢轉順行。其正面衝來，我讓開其勢擊其背，就順勢方向擊其背面，此要尾閭尖先動，以求反應靈敏。

每一動（反應人之來襲），都要完成一圈，不能微動即止，完成一圈是指內氣在身內運轉完成一圈。

3/26 —— 打拳用骨，氣在骨中行走，領導拳式，以關節配合轉動，乃可靈活。

並不全在化，要打化一氣，化中即有打，發揮打的能力。人迫進吾內圈，不可用相抗迫出之意，其要緊之處乃要有打勢，努力把其接到吾勢上，一當接妥速以骨來發，今知道發人用骨（全體骨）來發，身上就可不會出硬力。

他近吾攻吾，當他是在合作，自己把身體放到我機勢上來讓我發，也就是來餵勁的。

氣吸入體內，要充滿全體，氣才能飽滿。

用藏發，不下於用趴，向下向腿藏。

兩腿要靈活，在定步時作似在原地做跑步變化之想，使腿比手還活，如不做跑步想，腿不活。

兩人對手，接其上我勢，最方便的就是讓其坐我胯上，吾以藏擊之。

推手仍要手上有制彼之勁氣，使之有壓力，不可僅坐視其來。

3/27 —— 發亦可用提，用踵提，但要連到胯，其中以跪助之。還有氣從腰椎下貫於仙骨而下（此常使人出其不意、措手不及而驚恐）等等發勁，每日至少各練

三十次，在走架中練。

　　以脫身化發人之猛襲，脫身要配合鑹增加勁力，脫身之後最好能加上一個承接，其一定跌出無疑。脫身以調身配以柔鑹為之，但脫身後必得來個挪，或再一個調身配以鑹，但自己在動作中求中定為要，以免為對手反擊，能在脫身中直接把其發出自是更高。

3/28 ── 還是應用骨，用骨節呼吸變動，身才柔活，變化大而活，可使挪、鑹、趴、接、承等用於發勁，點綴在骨之柔化中。總之要用骨，用骨就對了。力由脊發，乃用到力時若心中不用脊發力，則身就硬而雙重，如用脊，全身乃柔。用脊發力時，下部要配以膝力，下部之力要著力在膝。

　　發時以腰椎向下擊一邊胯，亦佳。用收臍吸氣下擊胯內之氣，發勁大而自然。做時都要注意腳跟。發勁用胯向腿內下縮，或腹中之氣充滿後，向腿內縮，發也便捷。

　　發勁者氣（或胯）向腿內下縮也，以其為本。以趴、抱、挪、接、旋等等副之。

　　要任他來推吾，吾身之氣猶如水似的，壓這鼓那，壓那鼓這，鼓者發人，被壓下為吾之化，但不能只做

化之想，如此將挨打。全身全是氣在流，沒有肢體動，氣好像水在流，全是水似的，似在身內游泳。人擊吾，我以氣勁似浪濤似的迎接，氣吸至腳，再回彈上去。注意全用吸接，此是正面直發，如用旋轉，則此壓彼起，一氣完成，人既把我氣壓下，氣自會另找出路向其虛處流出，此即化發一氣完成。記得氣至腳底再向上彈出，也是被壓後迎上來的，但此時氣要很足才能很順。

3/29 ── 打拳完全在搶機、搶勢。心在搶勢則神專注，神出，搶勢用引、坐、再抱……。打拳一定要內氣如流水，流水即可。譬如我頂人，人勁柔如流水包圍我之力點搶機勢，吾雖硬何用！想想看，我頂人，人如何用流水包抄我，如此可練自己以水流包人。

打拳好像和地過不去，要在動靜中用勁鑡地或用尾閭尖、脊椎等向下坐，完全打向地。

獨自練搭手，先化蓄吸，發時以仙鶴縱飛之意，輕而自然。自己想到時即縱飛，不拘何種姿勢時機，均以背轉順為之，好像一隻鶴被人控制住，即由背轉順，脫身縱飛而去，此即發人。練至在任何情況下均能為之，則功勁可觀矣。

仙鶴縱飛時，要有將腳下之石都鑕碎之意，可常練之。

往日亦以縱飛之意練發，但不很成功，其原因在於往日一意以一般性的動作方式向上飛升，因此上身有力，多少帶著些力。要在縱飛時，其意仍要帶著藏、趴……等腰胯下縮之意，雖曰縱飛，實為下挫，問題在於心中要毫無發意，一有發意即失敗，但初學者要做到談何容易！

對付快速猝攻者，要以輕靈即化即打，不要化後再打，要快速接發，出其不意。

趴人時，以趴下去想拔其腳之想才能做得好，要心想拔其腳。只是作個勢，非真的趴下去。

3/30 —— 搭手不是專想制住人，推人出去，這是錯誤的。搭手時，手搭到人身應專心問其虛實，放棄實處，攻其虛處，要能明白其虛實，其虛實當會有變動。吾要連續棄實擊虛，但不要用手，用腰胯衡得失，此為攻人之思想，在受攻時要連續轉背為順，受擊處放開不管，由其去推擊，專心擊其虛處，力求圓順。

動轉時氣要像水樣在身中流轉，不是什麼動或打

拳，而是水在流轉，此要用意，乃至用神去想像，凡動皆是氣轉。在轉動時，其要點在於以腰胯為著力點，方得轉動靈活，即腰為軸點，故拳經有云：「**命意源頭在腰際**」、「**腰為軸，氣為旗**」。有時為順應態勢，不用腰，可用膝關節，但要用他處關節配合，方得動全體。因腰在人體中心，以其為軸即可動全體，用其他關節，因在邊陲，用兩處方可動全體。

打拳好像一隻仙鶴，靜時好像仙鶴覓點下地，動時好像仙鶴縱身飛升，但只要有縱身之意即可，不要有真的離地之意之想，只想要縱身飛升而已，內在氣勁自已產生作用。縱飛時不要忘了是以氣由腰下縮於腿之意，有以腳鏟地之意，以尾閭尖接合足跟來動之意，最為靈快。

要縱得好，要以胯為翅，脊為頸，腰腹為身。

3/31 —— 以腰擊胯發勁甚實用，常想常練。

以腰為軸運轉周身之氣，此動比以思想想著身動輕靈太多。動還是要用氣動，以氣為主動，不以身為主，故曰「**意氣君來骨肉臣**」，要以氣為主。

旋轉很重要，只要有旋就可以，不要管要如何方向旋，因為有了動向就可以旋，要很自然，不要去刻

意主導旋的方向，有旋就好，就已達到目的。此旋乃在身內各處、各骨節、各關節，由局部一致之旋形成全體旋動。

在伸縮中有旋才能順遂，伸而旋，縮而旋，以求順遂。

凡動不可率先亂動，要動就先動尾閭，不可在他處先亂扭。先扭尾閭，則勁不亂。

搭手與其專注於粘化，不如專注於搶勢覓機找發放，專注對方之虛實，衡得失放發。

13、內勁由於求鬆柔不用力而生,由於鬆柔不用力,周身筋肉舒放而能養生益壽。由於是一個能量而能是拳術,養生與拳術都是本於內勁,不談內勁而求太極拳,只是空形假相,不言可知,永無太極拳。

14、內勁是漸漸培養的,愈養愈強,在初學階段只是筋肉鬆柔之力,因有意的存在,功深以後,內氣漸增全是意氣的作用,因有意而有氣,所以言意氣,而能了解「意氣須換得靈」、「意氣君來骨肉臣」的意涵。空求外在架式,是空求空練,做個樣子而已!

4/1 ── 理念：兩人搭手互攻時，不可單純一勁，此多為正面對待之勁即實處。而要有陰陽之二勁，相對待之實處為陽，實處外之虛處為陰，二勁視情況變化，互變陰陽。陰勁由陽勁變化中自然生出才行，如故意另生一勁，則又成陽勁，為人所知。換言之，攻人要有二勁，為人所知者為陽勁，人不知者為陰勁。陰勁被發覺即已成為陽勁，如此陰陽變化。

所以二人對勁時，要全心專注找其虛處，並非在實處相對，一面明與之相對，一面暗中專注其虛處，雙方相對愈激烈則虛實愈明，吾即愈易擊之，此要用引，將其力架意向引出，使其專心用此方向攻吾，此為聲東擊西。

被急攻時，要以調身脫身一騰挪，調身為求脫身，使其勁落空，騰挪隨之而上，乃為發勁。騰挪時向對方虛處一貼，使其跌出，如只調身脫身無騰挪，則有挨而無攻，有陰而無陽，最後終是無路可走。

將人後拉，遇其阻力後即迴旋以撫摸之心反送回去，心要擊其實處，即用勁拉扯引出其勁後，立即鬆手，改為反向撫之，其扯之之勁為反撫之勁之先期動作，亦即準備動作。

4/2 —— 在起動之前，一定先以趴、抱或藏，一定要養成習慣，不可少，此乃使身形中正之動作，有了正確的身形，才能發揮動作的作用，其他旋等等加入為之。趴、抱時在用胯，最好能與脊椎相呼應，可感到氣在脊中上下呼吸，吸時上，呼時下。

發時以驚彈之法。發時可用驚彈脊椎，發動腰胯之勁。

搭手要發揮虛實之巧妙，即避實擊虛，反應靈敏無比，如此才能稱是技巧。虛實有種種不同之狀況，有人擊我之虛實，有我擊人之虛實，此要引人之力，使其顯現實勁，我同時擊其虛處，引與擊要在一氣完成，以引中生擊尤妙，總之是在玩一種虛實的遊戲。

打拳各種動作方法要做得徹底，乃能增進功力，類似絕處求生，要徹底認真，要無人若有人，眼神注視，假中有真，真中有假，神迅心細。

推手雖搭其實處，實是找其虛處，以明彼勁。

4/3 —— 動時趴抱與臍結合，故趴抱等就是呼吸。

趴時在單腿方靈活，若在雙腿則滯不能發。擊其背後之意為必要，不要心想擊其身，要想擊其背後，則腰胯已先進。

用長中短勁發，擊其背後時，遇阻即以上柔下。與其纏粘時，用長勁制之，引出其虛實。引上打下，引左打右，要發時猝變短勁，以脫身擊發，猝然間由長變短，脫化其粘。猝然由陽變陰，其自當無備，如仍未發出，遇其阻力時，猝然以上柔下發之。

推手不能只注意對手的實點，應注意虛點與實點，避實擊虛，以我實處，找其虛處，與其配合陰陽。彼之實處，我以虛處配之，所謂陰陽相濟，一氣分陰陽，成為太極原象，絲毫不苟。

練太極拳要練推手，這是基本要義，只走架式意義何在？彼攻來，我不能僅走化了之，不能只避去其實攻，要認明虛實之所在，以虛擊其實處，或搶先勢以制之。

不要怕隔空打打不出去，要隔空才打得好，不隔空打不到。其理在於當手與人相接，用腰胯隔空發其實處，雖未用手，手已生作用。當然這要拿準後才有效，向其實處用腰胯隔空發之，雖隔空，但相接處已受到變動，出其不意使其跌出。如不用隔空，意念以手接觸處為著落點發之，為最不智之舉，因意已在手上，其必然知之，即可走避相抗等，則必發而無效。所以貴在不動手，以腰胯隔空發才有效，乃可出其不

意，而且發時動作越輕越好，因越輕勁越大越柔，人越不知，自己則越穩越靈。發時自己有脫身（勁與其脫離，使其無從聽得我勁）輕貼之意。

發時發其背後之人，似乎很有實效。因如此自己身體在感覺上已在自然中脫離消失，而胯已前移，應常作如是想。

4/4 —— 發勁以使人完全不接觸我的勁為最好。如以接觸處以外的他處隔空發之，人完全不知，如向前直發，難以全部化清，所謂「原路不發」。

發勁以調整腰胯之心發效果大，是僅想想而已，千萬不可真發，發出之勁乃來自調整腰胯之想而已。應明瞭發勁如不用發意，僅調整腰胯之想，內裡之氣已經發動，則人不知力從哪來，而已經跌出。此因身未動，僅是意想而已，而勁已出，故人不知吾勁之出，跌出而不知勁從何來，即所謂「**出手不見手，發人不見形，發人於不知不覺之間**」。

4/5 —— 以意發人，身未動，人不知力從何處來，未見動靜人已飛。故要熟練以意發人，因意動內在氣勁已動而身未動。

4/6 —— 受人攻擊，化人勁時，還是以鑽應之，鑽是心中以足鑽之，全是意，以使足生根。如用鑽不能順時，以踢撥鈎等腳法輔之。全是意動而形未動。

4/7 —— 我以氣擊人（氣與意是一體的，用意氣已動，沒有意，氣不能自動），其不知勁由何處而出，只稱極柔，很舒服，故用氣動不用身動乃是較佳。同樣用之於他人則欠有效，乃因未拿住之故，發時一定要拿住才有效。（氣與勁也是一體的，氣的能量即勁）

練架用氣時氣不能用直走，要轉動成圈。要向某方向動，或想完成某一姿式，不同姿式由不同旋轉完成，不同的旋轉完成不同的姿式，變化無窮。用前所述之用骨呼吸，來旋轉氣繞骨而行，不可用身動，要完全用氣引身動，要使全身圓珠滾滾，使人無著落處。

4/9 —— 早晨打拳氣不順，乃因天氣寒冷所致，後以膝為軸點在腿行氣，感氣有根，就可旋動，配合腿之呼吸，氣始漸順暢，兩腿落實。

要以氣浮身（似水面之球），沒有身動，只有氣

動，氣活潑伶俐，要做到只有呼吸，沒有動作。

4/10 —— 以氣（在身內運）進擊，人不知我之進擊，難以應對。

沉、墜、涵、拔……，實是鬆身大法，在動中或打拳時，要多多發揮，要身動必須如此，身方能柔。

4/12 —— 處理蠻力時，研究以實頂處為著力之支點，以產生虛處，這一定要由實處相頂才能產生出來，即實接處為陽，所生出之虛處為陰，有了陰陽，我可以虛實之法破之。

對手時不要以控制其不能動為滿足為目的，乃要專注其之動變，一動即發之，因被制時其必然要想法掙扎而動，要等待其動而發之。將其制住時二人之勁必已密切相連，其一動即借其力而擊之，「**彼不動，己不動；彼微動，己先動**」。發時以隔空之意，並以運氣而發。

4/13 —— 走架不在走外形之動，而在練氣在身內如何運行，照著形架之勢行氣，以運氣走架勢，以氣運身、運轉身體。有時以要有脫身而升空之想，要如何

將氣充全身使飽滿，無處不到，如何將氣歛入骨內竅內，如何以氣浮身，似將身浮於我氣之中，如何將氣旋轉周身，如何將氣吹人飛去（在身內吹，以意想將人吹飛），如何將氣充實於足，由地下而出發人出去，風吹落葉飛之意，總之，將氣在筋脈通透，接連外界天地，將來要做到全部以心迎人、以氣擊人。

　　要以氣浮身（似水浮球），只有氣動，沒有身動，氣發揮浩大輕靈活潑之功能，氣以呼吸帶動（內呼吸）。以氣應物，呼吸輕而浩大，無微不至，靈而活潑變化莫測。

　　其如頂來，一般均覓其焦點而發，更要順其力向而發。在聽清其勁路時，用腰腿或氣不讓其知之情形下發之，亦可一面頂其力（向前），一面轉動，即轉向其側，擊其側面。

4/14 ── 訓練轉動，全身各處能轉即轉，訓練處處能轉，無處不轉，一遇頂力即轉，化其實處，貼其虛處，靈活應對，使人無從自處。化時將其頂點以橫向移開，我以實點貼其虛處，一直頂來即橫向移轉，輕易化轉，即不斷地將其頂處橫向移轉開。

4/16 —— 搭手走架要注意吸蓄引貼、承接，其中以引為重心，吸蓄貼只是一個意，而引則有技巧，引主要在求自己之中定與勢順，引人失勢受擒。貼則是發，發勁要用貼、承接，不要用發，要發要用假發，不可真發。

勁猝挨於我，我貼住（不退頂到），急扭，扭去來勁，如只退而化之，則有退無攻，怎可了事！故不可用「化」意，要用「引」意，引中自有吸蓄。如用貼住扭旋發，不用引蓄，則化發一體，不退頂住者乃使扭旋有軸有根，讓來勁滑過接點消失。

故承接來勁時不是退，而是用頂住扭旋。扭旋時加以下縮之意為佳，意動身不動。

陽勢與陰勢，兩人相接即兩勢相接，正面相纏為人所知之勁乃陽勢，隱於內未為人察知者為陰勢，以陽制陽，勁已明，無論用何攻之，彼均因已知之，故易應對變化，我難收效；要陰制陽擊，出其不意，四兩撥千斤全在陰陽應用。

發勁有藏、趴、抱、縮、旋扭、承接，以氣撫脊，氣由脊下，吸入腹中後，由腹下衝於足，或以腰合胯，沒有用腿蹬向前的，一蹬胸背就有力。

避免雙重，宜用腰脊與一胯連成一氣而動，不可

用二胯，用二胯就雙重。

　　如心中想要完成某式，用意想以扭旋腰胯來完成，則兩手自然隨之完成心想之式，此即「**其根在腳，發於腿，主宰於腰，形於手指**」。形者，形態之表演出來。

4/17 —— 發勁不在乎用大力，而是要使力不上到手、上過腰，故發時要使腰鬆脫，使腰上腰下分成二部，使下力不能上升，要做好這點發勁才完美。腰連接上下，其樞紐在腰椎，腰椎鬆開，力即不能上升，所謂發全在腰腿，誠屬不虛。

4/18 —— 走架練時將氣沉於仙骨處，在腿中快速流轉。搭手時於接手後氣即向下走，然後之應對均在腿中氣之流轉活潑。

4/19 —— 綿勁，綿綿不斷，即自己練時不要化過一勁即止，否則即生僵勁，要以綿綿受壓受迫，我即可綿綿化之引之，蓄而發之，此提升自己之功力深度。

　　能得中就是勝，故不以力抗力，是要求中求得機得勢，雖遇巨大之力何懼！

以勁迫人固然很好，此乃明攻為彼所知，彼可以抗或以巧應我，故我應以虛引之，使之入我強烈陣勢之中，一舉擊之。

　　吸要將對方一併吸入我之骨內，要將對方之力與勢引到我穩實之中定上，即引時一面引，一面求己之穩，引到我順而可發的基礎上。即引吸對方之力與勢入我之骨，下沉至足，方可退足自保，進可發放。亦即引吸是蓄勢張弓，如引吸無蓄勢張弓之實，則易挫。早年僅引至臂，故無可發，故一定要蓄至腰腿，此為化人之攻時。如人不攻我，我主動出擊則比較困難。

　　巧發，制住人某點似已可發時，不可發之，改發第二點（他點），若其仍可抗，即回擊原點，其人已無能為變。

　　走架之練習先求吸引而成蓄（可發之勢），由此生發放，一合一開循環不息。都在力求中定（自己鬆得透，站得穩）。

4/20 —— 以腰配合一腿扭動，在原處扭動，不要有移動之心，則仍會移動，此乃不動之動，自然產生之變動，故「**其根在腳，發於腿，主宰於腰，形於手**

指」。要以腰胯在原處扭動方可，如要移動，則不但鬆不開，更是會散亂。

搭手主要明彼此虛實、陰陽相濟，以吸蓄引消弭來勁，必須使己能發而立身穩定（中定）。發時無發意，可以蓄代發，蓄之即能發人，非真向前發人也。

人勁緩緩而來，我緩緩引之而後蓄而發之。人勁急速而來，即閃開來勁避實擊虛，貼蓄而發其虛處，一氣而成，或直接接而發之。

與人搭手，由我主導使與人勁和合相連，不丟不頂，陰陽相濟，上下相隨，和合接定，自覺已可發時即用腰腿發之，即上搭為接為連，發乃由下發之，過程中不離吸蓄，以消弭來力，使之無從得力，處處落空。

4/21 —— 發勁亦可用「搬」（將物搬移）、「托」（用托物之意），均為腰腿之運動。搭手人向我進來，我不受壓，接定其勁視之為物發之，如搬、托等等，如只化去其勁，則我勁易於用盡，故受壓就發，要在任何狀況下都可發之，一發不靈，變他發，吸之、引之、蓄之、進之、退之、上之、下之，虛虛實實。發勁還可用「抽」，當勁沉於腳之際（吸引至

腳，即受迫沉於腳），以意用腳將勁似細絲狀上抽，抽至腰椎發，與氣由腰椎下沉的發方向相反。

巧妙—與人搭手還可以在人勁迫來時，不與他相纏鬥。要全無攻意，全在承受來力之意想，承受其來力，我被來力包圍在中，承擔其力，如此情形下，可靜觀其力之來壓及其變化，我全心掌握其勢。如用對勁對待，則發已在對待中用去。如以勁承受其力，則有發放空間，其意境為全在承受其力，使我身穩實，全無他意。如有互有攻守之意，則已在對抗，如靜承其力，無明顯之攻勢，但攻勢已藏於其中（承力），即是蓄勢待發。

平時搭手，當人進入內圈時，為站穩己身，而用抗意，抗其復進，非技也。在此時要以承其來力來穩身，發放機勢已在其中，如用抗則何來發之空間！承受其力則可攻可守，但發要會發，不是動手，動手即敗露形跡，承負實只是單純的感受其來力，穩住中正，不可有他意，則來力可瞭如指掌，何愁不勝！此乃接其力而用之。

人勁來攻，我勁出而相迎，則其就有所依恃而不懼，正中其意，其似在白晝，可見物，故我不接其勁，以承負其勁之意不接，則其無所依恃，因已落

空，無可逞其勇。其猶如在夜晚黑暗之中，不敢移寸步。我因用承負，對其動靜如指掌之明，此與人擊我某處，我即丟開某處，讓其落空，而以他處應之之意相若，因此承負吸蓄乃接手時之基本，缺之不可。

4/22 —— 動時用動（一般性的俗動），身形會亂而不整，故動要用呼吸帶動，深長的呼吸或動時將力分布全身，均勻分布，則動時全身完整不亂，氣要在周身分布均勻。

　　走架時兩胯正身就正，要用心保持兩胯中正不偏。

　　走架全在走圈，圈成架成，無圈即非架。圈如何走，架即如何成，不拘定式。圈在身內千變萬化的旋轉，此即架，不是外形。走圈應用逆向之勁轉則易成式，不是順向，所以有「錯勁成圓」之語。圈不一定在何處成何，形隨勢而生，隨意而成，輕靈活潑，變化莫測。有圈就有架，無須有定形定式。

4/23 —— 走架除走圈外，要氣走兩腿，使下盤穩實，如與人搭手，人推我時，我氣沉兩腿，腰胯靈活應之。

　　走架時意想兩肩不讓人推到，也不讓人著到力，

甚佳。逐步向下鬆，意想鬆我肩，勿讓人推著。

氣在筋肉則為人知，應以骨呼吸，使氣在骨，動則全體均勻，勿以局部。動不要單純之動，動要用變，變得快變得靈。

變在體內變，變不離趴等，此乃氣勁之變，變而有化，化是由變生出之奇妙，拳不在動，而在乎變。

我受挨受壓，要不僅僅化去其力即足，要以變化生陰陽，此以內氣神意為之，可令彼不知，因我身未動。

發亦可用肚下壓（向下打），或用我胯腿貼彼之胯腿之意，要打得好、打得純。

4/24 —— 走架放開（卸開）兩肩（肩胛骨），很實在，可鬆身。

以氣護身，身體用氣保護。

發勁用以腰胯調整姿勢發亦很實用，即心想要向何方向發，用調整腰胯之法發之，一至預定之姿勢，即發。

如手上得勢，用胯（趴）擊時往往不順，或有空虛之感，此乃未用腰胯引拿，使上（手）下（胯）斷而不能連，故完成引拿要以腰胯完成，則發時就有實在感，而不致無法發出。

4/25 —— 兩人相接之明勁不攻，利用其明勁擊其虛處。相接處是明勁，絲毫不動，動則為提供信息，其會有備。引出其明勁，找準其可擊之虛處，以我虛處擊之，以心想隔空擊之，猶如一支箭射擊其虛處一點，待其專注一意以明勁攻我之頃擊之，最為適當。

發勁要輕的道理，就是因為如果想要用力發得遠一點的話，那麼你只要一想，手上就有力，其弊一在為人所知，二在手上有力，三在周身處處都出了力，反而發不好。故如用輕輕地去發，可使外力化為內勁，那麼手上無頂力，遇其頂力亦可化盡，可避實擊虛，可使內勁不令人知，讓腰胯圓滿完成擊發。若在擊發其實處之狀況下，如一想用力，或有發意，則就會變了形勢，失其焦點，全功盡棄，功虧一簣，此時應全體輕靈不變，猝然以趴等方式以求己身中定之意發之，其始可跌出。發時兩臂不可稍有曲回至為重要，但仍輕輕扶其身。

要想先用承接其力之意，始可引其力至我腰胯始能發，故搭手要用承接之意。

如以兩手臂用意與其相接，人勁在我手、臂之上不易發，不如以承接其力之意，引其力至我腰胯上，隨時可發。

4/26 ── 打拳蓄亦承接，發也承接，經云：「**勁以曲蓄而有餘**」。

不能動，動即錯，要動時必用功法動，即承接、趴、藏、旋、搬、抬……等等。

今天走架以氣在胯兩側上下運轉（代兩腿），則身靈活穩實。

以手拿住人時，臂充滿氣，要發時常不順，但如以意將兩臂中之氣分布全身，均勻分布即可發，因已改變形勢，氣勁傳布腰胯及全身，沉於腳上。

遇對手時兩勁相抗，產生局部硬勁時隨即將勁均勻鬆散遍布全身，亦收發放之效。

在急化時未能靈活轉動腰胯時，乃因兩膝未靈活配合一致動，故上下之各節至腰要一氣靈活化轉，當然不以化淨為滿足，更要搶機搶勢，即承接蓄勢等。

事實上能承接乃是已在中定之時，自己已有了中定，如不以承接，以意與敵勁對峙，則在形勢上已產生了有缺陷，即有可被擊發之處，如以承接則處處可防、處處可接，故為中定。問題在於若未將敵勁阻截於外圍，而由其進入內圈，則如何應對！故要以承接為發之準備，如不想發他，則亦應在承接搶勢中制其陰處，即可攻處，以抵銷其攻擊力。故承接乃蓄勢，曲中求直，曲蓄而有餘，讓其自己上我之刀口上來。

牽動四兩乃以小力牽出其虛實，使虛實明朗化，以便擊出。

兩人搭手相粘一定產生虛實明暗，要掌握明暗虛實，乃能懂勁。承接而不接其來之實勁，而接其虛處，接其空無之處，來實接虛，一挨其來勁即向其虛處接，一氣完成發。妙！

純化而無接乃為逃，終至無路可走。承接之事全在兩胯及腰，即將敵勁接上我胯以利發之。有時若接在臂上，則發時將臂上之勁立即分布全身，意想雙手向其身上撫摸而去，極其輕柔，或向之抱去。或先接其實後，再改接其虛即為發。

形而上的外氣發，百發百中。

彼衝來我即伸懶腰，彼必跌。

想膝頭實有用，用想膝頭脫離。

脫離實線發（彼力在我身時）。

只要點線不要身，欲振乏力發，勢不可當。

舒、敗、暢、浮，威力無窮。

【學拳不以勝負為念，要以研修拳藝為樂】

【第二冊結束】1995年1月27日~1995年4月26日筆記
※陳傳龍於2017年10月重新修潤整理完畢。

| 眾妙之門・上卷 | 1

太極拳透視

作　　　者｜陳傳龍
發 行 人｜曾文龍
總 編 輯｜黃珍映
文字繕校｜林燦螢、黃珍映、薛明貞、尤雨婷、沈盈良、鄭秀藝
美術設計｜劉基吉
圖片攝影｜吳文淇
出版發行｜金大鼎文化出版有限公司
　　　　　臺北市 10688 大安區忠孝東路 4 段 60 號 8 樓
　　　　　網　址：http://www.bigsun.com.tw
　　　　　出版登記：行政院新聞局局版北市業字第 200 號
　　　　　郵政劃撥：18856448 號／金大鼎文化出版有限公司
　　　　　電　話：(02) 2721-9527 傳　真：(02) 2781-3202
製版印刷｜威創彩藝印製有限公司
總 經 銷｜旭昇圖書有限公司
　　　　　地址：新北市中和區中山路 2 段 352 號 2 樓
　　　　　電話：(02) 2245-1480

◆ 2023 年 1 月 第 2 版　　◆ 定價／平裝 新臺幣 350 元
◆ ISBN 978-986-92310-3-9

國家圖書館出版品預行編目（CIP）資料

太極拳透視：眾妙之門. 上卷／陳傳龍著. -- 第
1 版. -- 臺北市：金大鼎文化, 2018.01
　　冊；　公分
ISBN 978-986-92310-3-9(第 1 冊：平裝). --
ISBN 978-986-92310-4-6(第 2 冊：平裝). --
ISBN 978-986-92310-5-3(第 3 冊：平裝)

1. 太極拳

528.972　　　　　　　　　106016658